# Histórias que Trazem Felicidade

# Histórias que Trazem Felicidade

Richard Simonetti

ISBN 85-86359-49-1

Capa:
Milton Puga

6ª Edição • Janeiro • 2013
1.000 exemplares
18.001 a 19.000

Copyright 2004 by
Centro Espírita Amor e Caridade
Bauru • SP

Edição e Distribuição

**CEAC**
EDITORA

Rua 7 de Setembro 8-56
Fone/Fax (14) 3227-0618
CEP 17015-031 - Bauru - SP
e-mail: editoraceac@ceac.org.br
site: www.ceac.org.br

Dados Internacionais de Catalogação na Publicação (CIP)
(Câmara Brasileira do Livro, SP, Brasil)

```
Simonetti, Richard
    Histórias que trazem felicidade /
Richard Simonetti. -- Bauru, SP : CEAC
Editora,2004.

    ISBN 85-86359-49-1

    1. Espiritismo 2. Fé. 3. Felicidade
4. Paz de espírito I. Título.

04-5774                                    CDD-133.9
```

**Índices para catálogo sistemático:**
1. Reflexões espíritas : Espiritismo   133.901

*Tudo isto disse Jesus por parábolas à multidão, e nada lhes falava sem parábolas, para que se cumprisse o que fora dito por intermédio do profeta: "Abrirei em parábolas a minha boca, publicarei coisas ocultas desde a criação do Mundo".*
Mateus, 13:34-35

*Jesus nada disse de absurdo para quem quer que apreenda o sentido alegórico de suas palavras. Muitas coisas, entretanto, não podem ser compreendidas sem a chave para decifrá-las que o Espiritismo faculta.*
Allan Kardec, cap. 8, item 17, de *O Evangelho segundo o Espiritismo*.

# Sumário

A Felicidade de Cada Dia . . . . . . . . . . . . . . . . . . . . 13
Tipos de Solo . . . . . . . . . . . . . . . . . . . . . . . . . . . . . . 17
Elefantes Brancos . . . . . . . . . . . . . . . . . . . . . . . . . . 27
Antes que Venha o Arrastão . . . . . . . . . . . . . . . . . . 35
Gente do Cristo . . . . . . . . . . . . . . . . . . . . . . . . . . . 45
O Prato Principal . . . . . . . . . . . . . . . . . . . . . . . . . 53
Maniqueísmo . . . . . . . . . . . . . . . . . . . . . . . . . . . . . 61
Cair em Si . . . . . . . . . . . . . . . . . . . . . . . . . . . . . . . 71
Cair em Cima . . . . . . . . . . . . . . . . . . . . . . . . . . . . 83
Investimentos . . . . . . . . . . . . . . . . . . . . . . . . . . . . 93
Porteiro Intransigente . . . . . . . . . . . . . . . . . . . . . 105
O Trigo e o Joio . . . . . . . . . . . . . . . . . . . . . . . . . 117
O Credor Incompassivo . . . . . . . . . . . . . . . . . . . 127
Sobre a Oração . . . . . . . . . . . . . . . . . . . . . . . . . . 135
Deus Atende? . . . . . . . . . . . . . . . . . . . . . . . . . . . 145
A Pedra Angular . . . . . . . . . . . . . . . . . . . . . . . . 155

# A Felicidade de Cada Dia

*Vivemos um* boom *de histórias veiculadas pela mídia, particularmente na Internet, esse caudal fabuloso que desconhece fronteiras, alimentado por infinitos afluentes.*

*Reais ou imaginárias, alegres ou tristes, trágicas ou cômicas, são apreciadas por toda classe de leitores, porquanto apresentam um fio narrativo que os remete ao cotidiano. Inevitável e envolvente a associação entre as situações descritas e suas próprias experiências.*

*Nem sempre os internautas se dão ao cuidado de citar o autor. Não raro, quando se trata de seus próprios textos, há os que se valem de nomes consagrados, contentando-se em vê-los ganhar notoriedade, ainda que o mérito seja creditado a outrem.*

*Fazem efeito contrário. Os leitores familiarizados com a competência do escritor usurpado identificam neles mero arremedo literário, indigno do suposto autor.*

*Oportuno, portanto, ao enunciar a felicidade que pode ser conquistada a partir das histórias deste livro, destacar que não são de minha lavra.*

*Apenas busco interpretá-las à luz da Doutrina Espírita.*

*Importante examiná-las, não pelos meus comentários, mas pela incomparável competência do autor, que podemos situar como a maior figura da Humanidade.*

*O leitor, obviamente, sabe que estou falando de Jesus. O Mestre não deixou uma só linha escrita, mas foi notável contador de histórias, que apresentava na forma de parábolas, pequenas narrativas com conteúdo moral.*

*Transmitidas a princípio oralmente, depois nos registros evangélicos, atravessaram os séculos, sustentadas pela universalidade e atemporalidade de seus conceitos, virtudes inerentes à verdade.*

*Tanto têm sido lembradas e reproduzidas, em incontáveis livros, ao longo destes dois milênios de Cristianismo, que pode afigurar-se ociosa mais uma abordagem.*

*Se me atrevo a fazê-lo é por guardar a convicção de que sempre há nuances e detalhes a serem destacados, à medida que avança o entendimento humano.*

*Como tenho feito em relação a outros temas, a intenção é trocar as parábolas em miúdos, à luz do conhecimento espírita, favorecendo um entendimento maior da moral evangélica e um estímulo mais acentuado para que nos disponhamos a observá-la.*

*Caberá a você, prezado leitor, definir se consegui consumar minha intenção.*

*De qualquer forma, ser-lhe-á sempre proveitoso recordar* O Filho Pródigo, O Semeador, O Joio e o Trigo, o Fariseu e o Publicano, O Tesouro Escondido, O Credor Incompassivo, O Bom Samaritano *e várias outras, que tocam nossa sensibilidade.*

*Merecem nosso empenho em observá-las na atividade diária, algo tão importante quanto orar. Afinal, se a oração estabelece nossa ligação com o Céu, é vivenciando as parábolas que criamos condições para receber as bênçãos celestes, sustentando a felicidade de cada dia.*

*Bauru, junho de 2004.*

# Tipos de Solo

*Mateus, 13:1-9*
*Marcos, 4:1-9*
*Lucas, 8:4-8*

*E o semeador saiu a semear.*
*Uma parte das sementes caiu à beira do caminho, e vieram as aves do céu e as comeram, e outras foram pisadas pelos homens.*
*Outras caíram em lugares pedregosos, onde não havia muita terra nem umidade. Logo as sementes germinaram porque a terra não era profunda, mas, ao surgir o sol, queimaram-se e, porque não tinham raiz, secaram.*
*Outras caíram entre os espinhos; e os espinhos cresceram e as sufocaram, e não deram fruto algum.*
*Outras, finalmente, caíram em terra boa, fértil e, brotando, cresceram e produziram frutos. Algumas produziram trinta, outras sessenta e outras cem por um.*

Temos aqui a famosa *Parábola do Semeador*, a

primeira contada por Jesus, dentre dezenas.

A semente é a *Palavra de Deus*, representada por seus ensinamentos.

O que o pai Celeste espera de nós?

Segundo Jesus, que nos amemos uns aos outros; que façamos ao próximo o bem que almejamos; que estejamos dispostos ao sacrifício dos interesses pessoais em favor do bem comum.

O solo onde caem as sementes divinas é o coração humano.

***

Há a turma da "beira".

É o pessoal do lado de fora, alheio à palavra.

Seus representantes comparecem, eventualmente, à atividade religiosa motivados por variados problemas, de ordem física e emocional.

Procuram o hospital.

Sua intenção é meramente receber benefícios. Escasso interesse quanto às palestras e orientações.

A atenção fica difícil, sucedem-se os bocejos; as pálpebras pesam; cerram-se os olhos...

Dizem:

– É para melhor concentração.

Só se for em Morfeu, o deus do sono. Quando fechamos os olhos, não há atenção que se segure. A própria voz dos expositores vira cantiga de ninar.

– Dorme o corpo, mas a alma está atenta – justifica alguém.

Equivoca-se. É a alma desatenta que faz o corpo adormecer.

Por isso a cabeça vai se inclinando lentamente, e só não cai porque está presa no pescoço.

Há quem reclame do obsessor, a atuar para que não preste atenção, não aprenda como livrar-se de sua influência.

Pobres obsessores! Têm costas largas! Difícil imaginá-los ao nosso lado, numa reunião doutrinária, exercitando suas artes. E onde fica a proteção dos benfeitores espirituais, vedando seu acesso ao recinto da reunião?

Estariam a vibrar do lado de fora?

Complicado imaginá-los concentrados, alhures, a sintonizar com suas vítimas, sugerindo-lhes dormirem sentadas.

E as barreiras vibratórias de proteção, não funcionam?

Com raras exceções, o problema é de desatenção, filha dileta do desinteresse.

As igrejas tradicionais resolvem esse problema com o senta-levanta do culto, em momentos específicos, envolvendo rezas. Difícil dormir.

No culto evangélico há os hinos. Quando o pastor

percebe que os fiéis estão prestes a pregar os olhos, logo os convida à cantoria. Soltar a voz é uma boa maneira de afugentar o sono.

Não obstante, por mais sofisticados sejam os recursos para mantê-los atentos, o aproveitamento dos nossos irmãos da "beira" será sempre precário, principalmente em relação à Doutrina Espírita, apelo à razão, que exige atenção e disposição para assimilar seus conceitos renovadores.

\*\*\*

Há a turma das "pedras".

Ouvem a palavra e a recebem com alegria.

Assimilam algo, mas não estão dispostos a enfrentar os dissabores da adesão.

O sol abrasador dos preconceitos e das discriminações torra facilmente as frágeis raízes de sua fé.

Acontecia com o Espiritismo no passado.

Falava-se que os espíritas eram adoradores do demo. As pessoas recusavam-se a passar em frente ao Centro. Na própria família havia problemas. Raros resistiam.

Ainda hoje temos simpatizantes que não se integram para evitar problemas com o cônjuge, renunciando a um dos dons mais preciosos da existência – a liberdade de consciência, o direito de exercitar nossos ideais e convicções.

Conheço senhoras que não freqüentam nenhum Centro, embora amem a Doutrina Espírita, para não contrariar o marido. Isso porque ele se julga investido do direito de decidir quanto à crença da cara-metade.

Como pode funcionar bem um casamento em que um dos cônjuges interfere nas convicções religiosas do outro?

Frágeis as sementes de nossa fé, quando permitimos que isso aconteça.

A propósito, sempre recomendo aos jovens compromissados com alguém de outra religião:

– Cogitem de como será a vida conjugal. A freqüência às reuniões, a participação nas atividades sociais, a iniciação dos filhos... Conversem exaustivamente, descendo aos detalhes. Depois, ponham tudo no papel, com firma reconhecida e testemunhas!

Afora o aspecto humorístico, os acertos são fundamentais, a fim de evitarem-se problemas futuros.

Como ensina o velho aforismo, *o que é tratado não é caro*.

\*\*\*

Há a turma dos "espinhos".

Aceitam a palavra, mas as seduções do mundo a sufocam.

Com a ampla visão das realidades espirituais que a

Doutrina Espírita nos oferece, ficam encantados, mas...

Conversei, certa feita, com um simpatizante:

– O Espiritismo é bênção de Deus. Amo seus princípios, a ação espírita no campo social, o exercício da caridade. Gostaria de participar, mas não me sinto preparado. Sou fumante inveterado e abuso dos aperitivos. Como comerciante, nem sempre me comporto com lisura e reconheço ter gênio difícil.

O Espiritismo deitou boas raízes nele, mas as fraquezas, espinhos danosos que não quer eliminar, falam mais alto.

Outro dizia:

– Reconheço-me despreparado para a Doutrina, mas não me preocupo. Temos a eternidade pela frente.

Pobre tolo! Ignora a recomendação de Jesus *(João, 12:35):*

*Andai enquanto tendes luz.*

Imperioso aproveitar as oportunidades de edificação da jornada humana. É para isso que estamos aqui.

Amanhã, poderá nos faltar a luz, a lucidez, a saúde, o vigor físico, a possibilidade de mudar, e penoso será o futuro se não o fizermos.

\*\*\*

E há a turma do "solo fértil".

As pessoas que, ao primeiro contato com a palavra, sentem um frêmito de emoção, algo que toca o mais íntimo do ser, como se sua vida estivesse, até então, em compasso de espera. Ah! maravilhoso despertar, que ilumina seus caminhos!

Logo "arregaçam as mangas" e tornam-se multiplicadores de sementes, produzindo *trinta, sessenta ou cem por um*, segundo suas possibilidades, mas sempre estendendo o Bem ao redor de seus passos para que o Reino se estenda pelo Mundo.

\*\*\*

Dúvidas ponderáveis:

Por que, se somos todos filhos de Deus, há vários tipos de solo?

Por que muitos não se sensibilizam?

Por que há os que se sensibilizam, mas permanecem distantes, preocupados com opiniões alheias?

Por que há os que se aproximam, mas não estão dispostos a se envolver?

Por que, enfim, há os que se envolvem?

Por que, dentre eles, há os que produzem pouco e os que produzem muito?

Que fatores determinam reações tão díspares?

Se a palavra é para todos, por que não somos todos

dadivosos?

A teologia medieval situava a turma do "solo fértil" como indivíduos escolhidos por Deus para a santidade, mas isso só complica a questão, configurando inconcebível injustiça.

Por que Deus escolheu o meu irmão ou o meu vizinho ou o meu adversário? Por que não eu?

Só a reencarnação pode explicar essa diversidade de solos.

A natureza de nosso envolvimento com os valores do Evangelho e o que produzimos condiciona-se à maturidade.

O servidor do Evangelho já nasce feito, não por mera graça divina, mas como o resultado de suas experiências anteriores.

Veio da "beira" para o "solo dadivoso", com trânsito pelos "espinhos" e as "pedras".

\*\*\*

Será que podemos, já na presente existência, entrar para a turma especial do "solo dadivoso"?

Sem dúvida!

Podemos e devemos fazer isso.

Para isso estamos aqui! Depende de nossa iniciativa!

É preciso tão-somente usar a enxada da vontade, revolver a terra da indiferença e aplicar o adubo do trabalho, preparando o solo do coração para as sementes do Evangelho.

Então, gloriosa será a nossa passagem pela Terra, com frutos dadivosos em favor do próximo e abençoada edificação para nós.

# *Elefantes Brancos*

*Mateus, 13-44*

Em várias passagens Jesus reporta-se ao *Reino dos Céus*, ou o *Reino de Deus*, ou, simplesmente, *O Reino*.
São expressões equivalentes.
A teologia medieval concebeu que Jesus veio instalá-lo, o que sugere que a Terra não estava sob a regência divina.
Permanecia acéfala?
Um tanto estranho, amigo leitor, se considerarmos que Deus é o Criador, o Senhor supremo, presença imanente, cujas leis têm vigência em todos os quadrantes do Universo.
Não encontraremos uma só galáxia, um só sistema solar, um só planeta, um só recanto, por mais remoto, onde o Todo-Poderoso esteja ausente.
Ele é a consciência cósmica do Universo. Permanece em tudo e em todos. Estamos mergulhados nas bênçãos divinas, como peixes no oceano.

Se nascemos no Brasil, se aqui vivemos, legalmente somos cidadãos brasileiros.

Mas, sob o ponto de vista moral, essa cidadania só será legitimada pelo empenho em cumprir as leis do país, o que implica na observância de nossos deveres perante a comunidade, zelando por seu equilíbrio e bem-estar.

Algo semelhante acontece com o Reino.

Se há um Reino Universal regido por Deus, somos todos seus súditos.

Não obstante, isso pouco significa, se não nos preocupamos em cumprir o que o Eterno espera de nós.

Por isso Jesus diz (Lucas, 17:20-21):

*O Reino de Deus não vem com aparência visível. Nem dirão: Ei-lo aqui! Ou: Ei-lo ali! Porque o reino de Deus está dentro de vós.*

O problema, então, não é entrar no Reino. Vivemos nele.

O problema é o Reino entrar em nós.

\*\*\*

Em várias parábolas Jesus nos diz como alcançar essa realização.

No tempo antigo não havia Bancos para depositar bens amoedados; então, as pessoas os escondiam em terrenos isolados, de sua propriedade.

Não raro, esses tesouros se perdiam pelo falecimento do proprietário. Quem os encontrasse podia entrar na posse deles, desde que comprasse as respectivas glebas.

Havia pessoas que se especializavam nessa lucrativa atividade, caçadores de tesouros, que ainda hoje povoam o imaginário popular.

Jesus usa essa imagem para nos contar sugestiva e breve parábola.

*O Reino dos Céus é semelhante a um tesouro escondido num campo.*
*Um homem o encontra e esconde-o novamente.*
*Feliz, vende tudo o que tem e compra aquele campo.*

O Reino seria aquele estado de paz, de tranqüilidade e alegria, no pleno cumprimento das leis divinas, habilitando-nos a desfrutar as bênçãos de Deus.

No simbolismo evangélico, situa-se como um tesouro oculto em recôndita região de nossa consciência, no solo de nossas cogitações existenciais.

Custa caro. Para sua aquisição, que equivale à posse de nós mesmos, imperioso nos desfaçamos de inúmeros bens, entre aspas, porquanto mais atrapalham do que ajudam.

São elefantes brancos.

No antigo reino de Sião, atual Tailândia, o raro elefante branco era animal sagrado.

Quando o rei queria punir alguém, oferecia-lhe um.

O súdito sentia-se honrado, mas logo percebia tratar-se de um "presente de grego".

Deveria dispensar sofisticados cuidados com o animal. Alimentá-lo com iguarias caras, colocar-lhe enfeites, ter empregados para cuidar dele...

Acabava arruinado.

Algo semelhante ocorre em nossa vida.

Há elefantes brancos em nosso caminho.

Temos satisfação com eles, em princípio, mas logo percebemos que nos causam prejuízos imensos.

Alguns deles:

• Ambição

Riqueza, poder, destaque social, prestígio, constituem o anseio de muitos.

O ambicioso só tem olhos para aquelas realizações.

Toma gosto pelos bens materiais que, sendo apenas parte da vida, convertem-se para ele em finalidade dela.

Deixa de ser dono de seu dinheiro.

Situa-se escravo dele.

Rico materialmente, mendigo de paz.

Parafraseando Jesus, podemos dizer que é mais fácil esse elefante branco passar pelo fundo de uma agulha do que seu proprietário entrar no Reino.

- Vício

Em princípio, oferece o Céu.
O fumo tranqüiliza.
O álcool desinibe.
As drogas produzem euforia.
Mas é céu artificial, precário, que nos leva, invariavelmente, ao inferno da dependência.
Enquanto o usuário está sob seu efeito é ótimo.
Logo, porém, o corpo cobra novas doses, submetendo-o a angústias e tensões terríveis.
Assim, oscila entre o céu e o inferno.
Cada vez menos céu; cada vez mais inferno, à medida que se amplia a dependência. E nele se instala de vez, quando retorna ao plano espiritual, antes do tempo, expulso do próprio corpo que destruiu.
Em terrível destrambelho, sofre horrivelmente, em longos e dolorosos estágios em regiões lúgubres e trevosas, habitadas por companheiros de infortúnio.
Ao reencarnar, os desajustes provocados em seu corpo espiritual se refletirão na nova estrutura física, dando origem a males variados, dolorosos, angustiantes, mas necessários.
Funcionam como válvulas de escoamento das impurezas de que se impregnou, ao mesmo tempo em que o ajudam a superar entranhados condicionamentos, que fatalmente o induziriam a retomar o vício.
Se o viciado tivesse a mínima noção do futuro

dantesco que o espera, ficaria horrorizado.

Haveria de lutar com todas as forças de sua alma para livrar-se desse comprometedor elefante branco.

• Sexo.

Dádiva divina, é por intermédio dele que entramos na vida terrestre, além de favorecer gratificante momento de intimidade entre o homem e a mulher.

Entretanto, vivemos tempos perigosos, de liberdade sexual confundida com libertinagem. O sexo deixou de ser parte do amor para transformar-se no amor por inteiro.

Casais que mal se conhecem falam em "fazer amor", pretendendo uma comunhão sexual sem compromisso, em lamentável promiscuidade.

É um tremendo elefante branco!

Oferece euforia em princípio, mas cobra muita inquietação depois, e perene insatisfação.

Com a troca constante de parceiros e a busca desenfreada de prazer, o indivíduo cai no desvairo sexual, envolvendo-se em comprometedoras perversões.

• Paixão

Fixado em alguém, empolgado pela comunhão carnal, o apaixonado estende as raízes de sua estabilidade física e psíquica no objeto de seus desejos e passa a viver em função dele.

Se a relação não dá certo e vem o rompimento, é uma tragédia. Suicídios, crimes passionais, loucuras variadas, são mera decorrência.

Quando o amor deixa de ser um ato de doação, rebaixado ao mero desejo de posse, em que pretendemos que o ser amado submeta-se aos nossos caprichos, transforma-se em voraz elefante branco que nos exaure e desajusta.

\*\*\*

Não nos tornaremos santos do dia para a noite, campeões do Evangelho, apóstolos do Bem, mesmo porque a Natureza não dá saltos.

Consideremos, porém, em nosso próprio benefício, que é preciso avaliar se não estamos sustentando insaciáveis elefantes brancos, que nos empobrecem.

Com eles fica impossível o cultivo de aspirações superiores, no solo sagrado do coração, para a conquista do almejado **tesouro divino**.

# Antes que Venha o Arrastão

*Mateus, 13:47-50*

Ao tempo de Jesus era usado no Mar da Galiléia o arrastão, uma forma de pescaria.

Os pescadores preparavam redes quadradas, bem grandes, que permaneciam numa posição vertical dentro d'água, mediante a utilização de pesos e flutuadores. Eram levadas pelos barcos e deixadas em determinada localização. A partir dali eram puxadas para a praia, por cordas, colhendo todos os tipos de peixes, suficientemente grandes para ficarem presos em suas malhas.

Havia proibições de consumo, pela lei judaica, como está na orientação mosaica, em Levítico (11:12):

*Tudo o que não tem barbatanas nem escamas, nas águas, será para vós abominável.*

Juntamente com os peixes não comestíveis e de mau

sabor, eram jogados de volta ao oceano ou iam para o lixo.

***

Jesus usa a imagem do arrastão para transmitir um de seus ensinamentos sobre o Reino dos Céus.

*... é semelhante a uma rede lançada ao mar, que apanha toda espécie de peixes.*

*Quando está cheia, os pescadores a retiram e, sentados na praia, escolhem os bons para os cestos, e o que não presta deitam fora.*

*Assim será na consumação dos séculos: virão os anjos e separarão os maus dentre os justos, e os lançarão na fornalha ardente, onde haverá choro e ranger de dentes.*

No aspecto individual o Reino é uma condição íntima. Instala-se num momento de iluminação em que nos integramos plenamente na Vida, cidadãos do Universo.

No aspecto coletivo exprime-se numa sociedade formada por Espíritos iluminados.

Com o crescimento espiritual da Humanidade amplia-se o contingente dos que realizaram o Reino em seus corações.

Hoje, uma minoria.

Amanhã – dentro de decênios, séculos ou milênios, depende de nós, – a maioria.

Acontecerá, então, o arrastão.

Colhidos pelas malhas da Justiça, aqueles que não se enquadrarem na nova ordem serão jogados na *fornalha ardente...*

Naturalmente, trata-se de um simbolismo, uma imagem forte, que a teologia medieval levou ao pé da letra, concebendo a idéia do inferno de fogo, onde as almas comprometidas queimam sem se consumir, em perenes sofrimentos.

O Espiritismo oferece idéia diferente.

Não estarão irremissivelmente condenados.

Serão simplesmente degredados em planetas inferiores, onde enfrentarão dificuldades e dissabores sob orientação da mestra Dor, lá bem mais severa.

Isso, somado às saudades da Terra e dos afeiçoados que aqui ficarão, quebrará a rebeldia, favorecendo sua renovação.

Redimidos, ainda que isso exija o concurso dos milênios, retornarão ao nosso mundo, porquanto compõem a grande família humana, sob os cuidados de Jesus.

\*\*\*

Segundo Emmanuel, no livro *A Caminho da Luz*, há dez mil anos havia no sistema de Capela, estrela da constelação de Cocheiro, um planeta habilitado à promoção.

Deixaria de ser um mundo de expiação e provas, como é a Terra, cujos habitantes são orientados pelo egoísmo, e passaria a mundo de regeneração, com uma população disposta a assumir a cidadania do Reino de Deus.

Ocorre que uma parcela da população não estava sintonizada com os novos rumos. Então, houve o arrastão, envolvendo milhões de recalcitrantes. A direção espiritual do planeta os transferiu para um mundo em evolução primária.

Você pode imaginar qual foi, amigo leitor?

Se pensou na Terra, acertou.

Os capelinos encarnaram no seio das raças humanas, promovendo desde logo grandes transformações, já que mentalmente eram muito mais evoluídos, embora moralmente em estágio semelhante aos terrestres.

Os antropólogos espantam-se com a civilização neolítica. Em algumas centenas de anos grandes conquistas foram obtidas – a domesticação dos animais, a descoberta da agricultura, a formação da escrita, a utilização de metais, a vida urbana...

O Homem, que estava praticamente na idade da pedra, repentinamente viu-se em meio a significativas conquistas.

Foram iniciativas dos capelinos, que deram origem às grandes civilizações, como a egípcia, a chinesa, a hindu e a indo-européia.

Detalhe importante. Não estão bem definidos para os antropólogos os fatores que determinaram sua extinção.

À luz do Espiritismo, é simples explicar.

À medida que os degredados, renovados e redimidos, retornaram ao planeta de origem, as civilizações que edificaram entraram em decadência.

Imaginemos uma família rica e abastada, que construa moderno palacete numa favela. Depois de alguns anos o proprietário muda-se e deixa o imóvel para os favelados. Estes, sem condições para cuidar adequadamente dele, deixam que se deteriore, até transformar-se em ruínas.

Foi o que aconteceu com aquelas civilizações.

Morreram porque o homem terrestre não tinha competência para preservá-las.

\*\*\*

Algo semelhante ocorrerá conosco, no grande arrastão.

Seitas pentecostais o anunciam para breve, ainda neste século.

Proclamam seus arautos:

– Arrependam-se! Está chegando a hora!

O Espiritismo confirma que isso acontecerá, não como uma condenação eterna, mas como um degredo transitório para aqueles que não aderirem, de coração, ao Reino.

Parece-me, amigo leitor, que não acontecerá em tempo breve. Fácil entender a razão.

No *Sermão da Montanha* Jesus nos dá uma pista de

quem ficará, ao proclamar:

*Bem-aventurados os mansos, porque herdarão a Terra.*

Significa que ficarão aqueles que houverem conquistado a mansuetude. Se acontecesse agora, certamente, nosso planeta seria transformado num deserto, porquanto raras pessoas efetuaram essa conquista.

Estamos tão longe da mansidão, em face do caráter agressivo que caracteriza o homem, orientado pelo egoísmo, que o termo manso guarda uma conotação pejorativa.

Chamar alguém de manso é xingá-lo, equivalente a dizer que corre sangue de barata em suas veias.

No entanto, é apenas alguém que venceu a agressividade; que não reage ao mal com o mal; que guarda as raízes de sua estabilidade no próprio íntimo.

Se bem observarmos, verificaremos que muitos males que conturbam as relações humanas, em todos os níveis, inspiram-se na agressividade, sempre com o propósito de favorecer o interesse pessoal.

***

Podemos fazer um teste ligeiro, a verificar se estamos conquistando a mansidão, habilitando-nos ao Reino, ou se corremos perigo no arrastão.

• Submetidos a uma cirurgia, permanecemos acamados por alguns dias.
a) Cultivamos a oração e a serenidade, procurando não incomodar os familiares, nem aumentar sua preocupação.
b) Perturbamos a todos com gemidos e reclamações, como se estivéssemos em leito de faquir, colchão de pregos pontiagudos.

• Um conhecido passa por nós sem nos cumprimentar.
a) Consideramos que não nos viu ou estava distraído.
b) Ficamos possessos: – Pretensioso! Julga que tem um rei na barriga!

• O cônjuge está quieto, fechado, poucas palavras...
a) Imaginamos que esteja cansado, querendo um pouco de sossego.
b) Estressamos e logo clamamos que intenciona nos levar à loucura com seu mutismo.

• No trânsito, um motorista buzina atrás, assim que abre o sinal.
a) Admitimos que deve estar com pressa. Engatamos a primeira e seguimos em frente.
b) Castigamos o atrevido, demorando para avançar. Se torna a buzinar, fazemos um sinal malcriado, convidando-o a passar por cima.

- Cruzamos rua preferencial, inadvertidamente. Um motorista, cujo carro quase foi atingido, faz gesto pejorativo, sugerindo barbeiragem.
  a) Reconhecemos que precisamos estar mais atentos.
  b) Gritamos a plenos pulmões, recomendando-lhe que vá procurar aquela senhora de profissão nada recomendável, que o pôs no mundo.

- O chefe nos adverte quanto a uma falha.
  a) Desculpamo-nos, com a disposição de melhorar nosso desempenho.
  b) Mal contemos o desejo de pular em seu pescoço, e, intimamente, formulamos ardentes votos de que ele vá para o diabo que o carregue.

- O subordinado comete uma falha.
  a) Tratamos de orientá-lo para uma melhor condução do serviço.
  b) Lembramos-lhe de que, se não der um jeito na sua atuação profissional, há dezenas de desempregados que podem ocupar seu lugar, fazendo o dobro do que faz, ganhando metade de seu salário.

- Os vizinhos envolvem-se numa discussão, pondo-se a gritar uns com os outros.
  a) Sentimos que estão com algum problema e passamos a orar por eles.

b) Chamamos a polícia para dar um jeito naqueles malucos.

• O filho vai mal na escola.
a) Dispomo-nos a acompanhá-lo nas tarefas, ajudando-o.
b) Damos-lhe uma surra, prometendo fazer pior se voltar a ter notas baixas.

• Num grupo de trabalho, em atividade religiosa, não aceitam nossa sugestão.
a) Ficamos tranqüilos, com a certeza de que muitas cabeças pensam melhor que uma só.
b) Reclamamos que é uma cambada de pretensiosos que não deixa espaço para ninguém, e nos afastamos.

Se nossas respostas envolvem em maioria a opção "a", podemos ficar tranqüilos. Estamos bem em nosso aprendizado espiritual.

Se as respostas mais freqüentes envolvem a opção "b", há deficiências comprometedoras.

É preciso cuidado, torcendo para que não venha o arrastão antes de vencermos os arrastamentos da agressividade.

# Gente do Cristo

*Lucas, 10:25-37*

O vocábulo *gente* significa quantidade de pessoas, população.
A gente bauruense – quem mora em Bauru.
A gente paulistana – população de São Paulo.
Também é usado para definir o caráter.
Dizemos:
– Fulano é gente!
Exprimimos admiração. Trata-se de um ser humano autêntico, naquilo que nossa espécie tem de melhor; alguém que prazerosamente consideramos nosso próximo, nosso irmão.
A língua inglesa possui um vocábulo que bem define essa condição: *gentleman*.
Pode ocorrer o contrário.
Há pessoas que se comprometem num comportamento tão irregular, em atitudes tão indignas, que somos levados a dizer:

– Não é gente!

Situam-se assim os que cometem crimes hediondos, os tiranos, os estupradores, os vândalos, os que se comprazem na maldade.

Causam-nos horror.

Parecem ter perdido a humanidade.

Comportam-se como feras.

\*\*\*

A expressão também é usada por grupos radicais que, numa visão estreita e preconceituosa, tendem a aceitar como seus iguais – a sua gente – apenas os que têm a mesma cor, a mesma crença, a mesma concepção política, o mesmo time de futebol, a mesma preferência...

Para o branco racista, negro não é gente.

Nos tempos de escravidão, os infelizes africanos eram vendidos como mercadoria, avaliada sua capacidade de trabalho e sua saúde, como quem examina o potencial de um animal de carga.

Em contrapartida, para o negro preconceituoso, somente os que ostentam a mesma cor são irmãos. Em alguns bairros, de população predominantemente negra, nos Estados Unidos, é temerário branco entrar. Ali não é considerado gente.

Para os nazistas de triste lembrança, gente era a raça ariana, que deveria governar o Mundo por mil anos. Os demais povos, pura ralé, estavam destinados ao domínio alemão.

Gente, para os antigos judeus, eram os filhos da raça – o povo escolhido. Os demais, meros gentios, estrangeiros sem expressão.

Quando Paulo de Tarso se dispôs a disseminar os princípios cristãos, uma de suas dificuldades foi convencer os companheiros de que os gentios podiam ser iniciados na nova fé. Também eram gente. Isso porque os cristãos judeus não admitiam que o Cristianismo transcendesse os limites da raça.

Outro problema: a circuncisão, que consiste em cortar a pele que cobre a glande, no pipi da criança. Pretendia-se que o gentio devia deixar-se circuncidar, por testemunho de sua conversão, algo absurdo, porquanto se tratava de uma prática do Judaísmo, sem nenhuma relação com o Evangelho.

Jesus dizia existirem muitas ovelhas, referindo-se às múltiplas raças e concepções religiosas, mas que ele reuniria todas em torno de seus ensinamentos.

Idéia absolutamente lógica, considerando-se que o Evangelho é um repositório de leis divinas, de caráter universal.

Isso não significa que todas as religiões o adotem, considerada a diversidade de culturas e de entendimento, mas haverá algo de seus princípios em todas elas, destacando-se a lei maior: o amor a Deus acima de todas as coisas e ao próximo como a nós mesmos.

Então estaremos todos irmanados em torno do Cristo.

\*\*\*

Não obstante o Evangelho ser, por excelência, contrário às discriminações, criaram-se em torno dele grupos fechados em concepções dogmáticas, com interpretações meio à moda da casa.

Chamam-se irmãos entre si. E dizem:

— Quem não comunga nossas idéias não é filho de Deus. Apenas criatura.

Incrível! De acordo com esse disparate, perto de quatro bilhões de pessoas, dois terços da população mundial, não são gente — apenas criaturas, seres de segunda classe no contexto universal, simplesmente porque não nasceram em países cristãos, o que sustenta a estranha idéia de que a filiação divina obedece à geografia.

Tão radicais foram as facções cristãs no passado que, freqüentemente, trucidavam-se umas às outras, como se a inspiração do Cristianismo fosse a guerra, não a paz; o ódio, não o amor.

Ainda hoje, embora não haja mais clima para a luta armada, permanece a tendência de se fecharem os religiosos em suas concepções, julgando-se detentores da

Verdade e considerando gente do Cristo, sua gente, apenas os que comungam das mesmas idéias.

\*\*\*

Antes de pretendermos impor nossa posição de gente do Cristo, em clima de desentendimento, melhor seria que procurássemos definir quem Jesus considera sua gente.

A resposta a essa pergunta está na *Parábola do Bom Samaritano:*

*Levantou-se certo doutor da lei e, querendo testar Jesus, perguntou-lhe:*
*– Mestre, que farei para herdar a vida eterna?*
*Jesus lhe respondeu:*
*– O que está escrito na Lei? Como lês?*
*Respondeu-lhe o homem:*
*– Amarás ao Senhor teu Deus de todo o teu coração, de toda a tua alma, de todas as tuas forças e de todo o teu entendimento, e ao teu próximo como a ti mesmo.*
*Então Jesus lhe disse:*
*– Respondeste bem. Faze isso, e viverás.*
*Ele, porém, querendo justificar-se a si mesmo, disse a Jesus:*
*– E quem é o meu próximo?*

Poderíamos traduzir a interrogação assim:

– Quem é meu irmão, ou quem é minha gente?

E Jesus, respondendo, contou uma história:

Um homem descia de Jerusalém para Jericó, quando caiu nas mãos de salteadores que o despiram, o espancaram e se foram, deixando-o semimorto.

Descia pelo mesmo caminho um sacerdote, oficiante das cerimônias do culto judeu. Vendo o homem caído, passou ao largo, evitando envolver-se com o infeliz.

Pouco depois surgiu um levita, servidor do Templo, da tribo sacerdotal de Levi. Não deixou por menos: desviou-se, dando volta.

Surgiu, finalmente, um samaritano, judeu habitante da Samaria, região da antiga Palestina. Por motivos religiosos e políticos os samaritanos sofriam discriminação por parte dos seus irmãos de raça. Não eram gente para eles.

O mais lógico, portanto, seria passar ainda mais longe do homem caído, evitando complicações em terra hostil.

Contrariando as expectativas, aproximou-se do ferido e cuidou dele. Colocou-o sobre sua montaria e o levou até uma hospedaria. No dia seguinte tomou dois denários, importância que daria pelo menos para uma semana de hospedagem, deu-os ao atendente e recomendou-lhe:

– Trata-o, e na minha volta eu te pagarei tudo quanto

despenderes a mais.

Terminando a parábola, Jesus perguntou ao fariseu:

– *Qual desses três homens te parece ter sido o próximo daquele homem que caiu nas mãos dos salteadores?*

O doutor da Lei, logicamente, respondeu:

– *Aquele que usou de misericórdia com ele.*

E terminou Jesus, dizendo:

– *Vai e faze tu o mesmo.*

\*\*\*

Fácil concluir quem é gente para Jesus ou quem é sua gente.

São aqueles que estão atentos ao irmão caído na estrada.

Ele pode estar bem perto de nós.

O familiar com problemas...

O colega de serviço sobrecarregado...

O necessitado que nos procura...

O carente na periferia...

O doente no hospital...

O sentenciado na prisão...

É também aquele que nos ofendeu, que nos prejudicou, que nos causou prejuízos...

Haverá queda mais danosa que o mal praticado contra alguém? Altamente meritório se nos dispusermos a relevar, sem partir para o revide em pensamento ou ação.

Gente do Cristo age assim.

\*\*\*

Todos queremos as benesses divinas, sem as quais ficamos perdidos na Terra.

Para tanto é preciso que nos movimentemos nas lides do Bem, amando e servindo, estendendo braços fraternos ao irmão caído.

Só assim demonstraremos que estamos cuidando da gente da Terra, para que a gente do Céu cuide de nós.

# O Prato Principal

*Lucas, 14:16-24*

Certo homem deu uma grande ceia e convidou a muitos.

À hora da ceia, enviou seu servo para dizer aos convidados:

– Vinde, porque tudo já está preparado.

Mas todos, um a um, começaram a se desculpar.

O primeiro disse:

– Comprei um campo e preciso ir vê-lo. Peço-lhe que me dês por escusado.

Outro disse:

– Comprei cinco juntas de bois e vou experimentá-las. Peço-te que me dês por escusado.

E outro disse:

– Casei-me há pouco, por isso não posso ir.

Voltando, o servo relatou tudo ao seu senhor. Então o dono da casa, indignado, disse ao seu servo:

– Vai depressa pelas praças e ruas da cidade e traz-me aqui os pobres, os aleijados, os cegos e os coxos.

*Disse-lhe o servo:*

*– Senhor, o que ordenaste já foi feito, e ainda há lugar.*

*E disse o senhor ao servo:*

*– Vai pelos caminhos e ao longo dos cercados e obriga-os a entrar, para que a minha casa fique cheia. Pois eu te digo que nenhum daqueles que foram convidados provará da minha ceia.*

\*\*\*

Bem, caro leitor, não é difícil identificar Deus como o anfitrião desta história.

A ceia representa a comunhão com os valores espirituais.

O convite divino manifesta-se de duas formas:

Objetivamente:

Envolve a tradição familiar, a crença do berço.

Subjetivamente:

Exprime-se nas dúvidas existenciais, na inquietação inexprimível, no indefinível anseio do sagrado.

Poucos são receptivos.

Jesus reporta-se a três escusas:

• O que comprou um campo e vai vê-lo.

Está envolvido com o cotidiano, num somatório de atividades, interesses e prazeres. Impedimentos se suce-

dem – a novela, o cinema, o futebol, a visita, o passeio, o contratempo, o compromisso inadiável...
Não tem tempo!

• O que comprou uma junta de bois.
Enrosca-se na atividade profissional, o ganha-pão, o dinheiro do mundo. O expediente que se prolonga, o compromisso marcado, a convocação inesperada...
Não tem tempo!

• O que acabou de se casar.
Prende-se às solicitações familiares. Não encontra espaços vazios na agenda. Há sempre alguém a atender...
Não tem tempo!

Parecem ignorar o óbvio:
Tempo é uma questão de preferência.
Sempre encontramos espaço no cotidiano para fazer o que desejamos.

***

Vendo que seus apelos são inúteis, o Senhor decide convidar os *pobres, os aleijados, os cegos e os coxos.*
Lembra um pensamento corrente nas lides espíritas:
Aproximâmo-nos do Espiritismo por convite do amor ou por convocação da dor.

Amor ao conhecimento: a vontade de aprender, desdobrar horizontes, equacionar a existência...

Há, também, o amor romântico. No jogo da sedução vale tudo, até a adesão à crença do ser amado. Isso antes do casamento. Depois, é outra história.

A maioria vem pela dor.

Têm problemas, estão doentes, perturbados, desajustados, infelizes, deprimidos... São representados pelos estropiados da parábola.

Talvez você, leitor amigo, tenha procurado o Espiritismo por amor.

Parabéns!

Saiba que é uma exceção.

Lembro minha própria experiência.

Embora filho de família espírita, até os vinte anos estive totalmente alheio. Foi a partir de grave lesão num olho que me aproximei.

Como toda mãe espírita diante de um filho com problema de saúde, minha genitora logo pediu, em reunião mediúnica, o apoio de um mentor espiritual. Ele se propôs a ajudar.

Fiquei animado, até saber a condição imposta:

Era preciso que eu comparecesse às reuniões públicas do Centro, que eram diárias.

– Todos os dias?!

– Sim.

– Poxa, mamãe! Nenhuma folga, nem mesmo no

domingo?!

— Meu filho, a dor e a necessidade não escolhem dias. Sempre há gente precisando de socorro.

Achei absurda a exigência. Não obstante, a enfermidade é extremamente persuasiva, principalmente quando envolve um dos dons mais preciosos – a visão.

Cumpri minha parte. O guia cumpriu a dele. Sarei.

Melhor que a cura – tomei gosto pelo Espiritismo.

Hoje participo por amor, com ajudazinha da dor, de vez em quando, que é para a gente não se distrair.

Segundo a parábola, os convidados desinteressados não provarão a ceia.

Acrescentaríamos que isso ocorrerá até que estejam também estropiados, o que, certamente, modificará suas disposições.

\*\*\*

No banquete da espiritualidade, oferecido no Centro Espírita, temos as entradas.

É o alimento leve e imediato: o atendimento fraterno, o passe magnético, o tratamento espiritual, o receituário mediúnico, as vibrações dirigidas...

Curioso que muitos ficam apenas nesse antepasto. Melhoram, experimentam algum bem-estar; o problema de saúde parece superado, mente pacificada...

E logo procuram a saída!

Deixam o melhor, o prato principal, representado pelo conhecimento espírita. É esse que realmente nos alimenta e fortalece, ajudando-nos a viver de forma mais tranqüila e feliz.

Se estivermos dispostos a experimentar, devemos saber que esse maná dos céus precisa ser *bem mastigado* para ser *digerido*.

Isso envolve o legítimo desejo de aprender, marcado pela leitura, o estudo, a assiduidade às reuniões, superando a mera intenção de receber benefícios.

\*\*\*

No Japão há curioso costume.

As pessoas compram, em restaurantes e supermercados, determinados alimentos, acondicionados em pequenas caixas, o que lhes permite tomar sua refeição na rua, na praça, no local de trabalho, no metrô...

Algo semelhante pode ser feito com o banquete da espiritualidade. Acondicionar o prato principal em prática embalagem – o livro espírita!

A qualquer momento, em qualquer lugar, podemos *mangiare,* como diz o italiano, finas iguarias que saciam nossa fome de espiritualidade, proporcionando-nos momentos de leitura edificante.

\*\*\*

Ao ouvir sobre a importância de ter o livro espírita ao alcance das mãos, uma senhora comentou:
— Infelizmente, não tenho o hábito da leitura.
Bem, sabemos que hábito é uma tendência adquirida com a repetição de determinadas ações.
Há alguns extremamente prejudiciais:

• Fofocar.
Impressionante o prazer mórbido que as pessoas sentem em comentar aspectos negativos do comportamento alheio. Auto-afirmação às avessas. Ao invés de se realizarem pelo que são, pretendem fazê-lo depreciando os outros.

• Esbravejar.
Há quem resolve tudo no grito. Ergue a voz, impondo medo, sem conquistar respeito ou estima. Quando detém cargos de mando, sai de perto!

• Xingar.
Há pessoas que escovam os dentes, sem escovar a conversa. Principalmente quando, irritadas, pronunciam obscenidades, a se expandirem em vibrações virulentas que conturbam qualquer ambiente.

• Mentir.
Parece segunda natureza. Está tão incorporado ao

comportamento humano, que o profeta Isaías proclama, taxativo: *todo ser humano é mentiroso.*

Melhor cultivar bons hábitos.
Um deles, gratificante: ler livros espíritas!
Inicialmente, alguns minutos diários, se há dificuldade.

Aos poucos iremos ampliando a capacidade de nos fixarmos na leitura, substituindo as horas vazias, desperdiçadas, jogadas fora, por uma excursão no deslumbrante universo espírita.

Tenhamos ao alcance das mãos as abençoadas *caixas* com o *alimento principal,* capaz de saciar nossa fome de paz e conforto, a qualquer momento, em qualquer lugar!

# Maniqueísmo

*Mateus, 18:12-14*
*Lucas, 15:1-7*

O babilônio Maniqueu viveu no século terceiro da era cristã.

Acreditava-se o último dos profetas e pregava a existência de duas forças contrárias a se combaterem – o Espírito e a matéria, a Luz e as sombras.

Não obstante datada, a expressão *maniqueísmo* tem caráter atemporal, porquanto em todos os tempos notamos a concepção dualística que caracteriza o pensamento religioso, envolvendo duas forças antagônicas – o Bem e o mal, Deus e o diabo.

O diabo, rebelado contra o Criador, estaria empenhado em promover a perdição dos homens.

Parece extremamente eficiente, já que os desvios de conduta e tudo o que há de errado no comportamento humano seria de responsabilidade do tinhoso, a começar pelo pecado original, cometido pelo mitológico casal, Adão e Eva.

Apresentando-se por insinuante cobra falante, teria convencido a primeira mulher a perturbar Adão com o fruto proibido que, supostamente, envolveria o sexo.

A partir daí instalou-se o mal no Mundo.

\*\*\*

O diabo é figura de *marketing* das religiões tradicionais, que lhe atribuem todos os desvios humanos. E agitam a bandeira dos tormentos eternos para aqueles que não comungam de suas crenças, nem seguem sua orientação.

As pessoas gracejam:

– Prefiro o inferno. É mais movimentado e divertido, sempre cheio. O Céu, às moscas, é monótono, com as raras almas eleitas, a entoarem soníferos cânticos.

Não obstante, se levarmos em consideração o que dizem os pregadores, não é razoável essa preferência pelo inferno, pintado com cores tenebrosas. Vi, certa feita, um deles na televisão, fazendo assustadoras referências à morada do diabo:

• As dores.

Ele conheceu um paciente terminal com câncer. Tinha dores lancinantes. A morfina já não fazia efeito. Sofria terrivelmente.

– Pois bem – acentuava o arauto da desgraça futura

–, o câncer é refresco diante das dores do inferno! Não há nada que se compare. É desesperador.

- A perenidade.
– Sabe o que é o sofrimento eterno? – perguntava.
E respondia:
– Você sofre tormentos por uma hora e acaba?
Não! Vai continuar!
Completa um dia e acaba?
Não! Vai continuar!
Completa um ano e acaba?
Não! Vai continuar!
Completa cem anos e acaba?
Não! Vai continuar!
Completa mil anos e acaba?
Não! Vai continuar, por milhões de anos sem fim!
Isso é a eternidade!

Incrível, leitor amigo! O diabo não só derrota Deus, quando manda o homem para o inferno, como continua mais poderoso que o Criador quando impede que as almas condenadas saiam de lá.

- Para safar-se.
Só há um meio de vencer o demônio. Aceitar Jesus, que dará ao fiel a força necessária para resistir às tentações.
Imagino que a salvação é algo complicado. Como já

comentamos, bilhões de pessoas não são cristãs. Multidões sequer ouviram falar em Jesus.

Não interessou ao pregador tocar nesse assunto perturbador, que envolve a Justiça. Se é preciso crer em Jesus para ser salvo, onde está a eqüidade divina, que não providencia para que todos o conheçam?

O homem está na Terra há pelo menos um milhão de anos. Jesus veio há dois mil anos. Como ficam os que viveram antes dele?

\*\*\*

O pior do maniqueísmo é a sua aplicação no trato entre as religiões. Cada qual se considera representante do Céu. As demais, infiltradas pelo demônio.

Adeptos de seitas evangélicas enquadram o Espiritismo como obra do diabo e, conseqüentemente, os espíritas como agentes do inferno.

Curiosamente, Jesus também enfrentou esse problema. Escribas e fariseus, que constituíam a elite do judaísmo, diziam abertamente que era o demônio quem operava as curas e benefícios que prodigalizava.

O Mestre respondia, sabiamente, que uma casa dividida não subsiste. Se o tinhoso estava praticando o Bem, voltava-se contra si mesmo.

Algo semelhante podemos dizer do Espiritismo, que tem por bandeira a prática da caridade, por ideal a

construção de uma sociedade solidária.
Se é o diabo... abençoado seja!

\*\*\*

Diziam, ainda, escribas e fariseus, que Jesus cercava-se da escória – pecadores, gentios, prostitutas, malfeitores... pessoas de má vida, passíveis de contaminar com impurezas aqueles que com elas convivessem.
Não era o que pensava o Mestre. Ele não dividia as pessoas em boas e más, não discriminava ninguém.
Colocava-se acima dos tolos preconceitos do judaísmo.
E se encontrava alguém realmente comprometido com o mal, não se recusava ao contato, alertando que os sãos não precisam de médicos.
Por isso multidões o cercavam.
Por isso o povo o amava.
Por isso viam nele o mensageiro da esperança e da paz.

\*\*\*

Certa feita, fariseus e escribas murmuravam:

– *Ele recebe pecadores e conversa com eles...*
Assim comentavam, procurando passar a idéia de que aqueles contatos eram comprometedores.

O Mestre, sempre atento às maquinações de seus adversários, e jamais perdendo a oportunidade para transmitir ensinamentos, disse-lhes:

– *Qual, dentre vós, é o homem que, tendo cem ovelhas, se perder uma delas, não deixa as noventa e nove no deserto ou nos montes e vai em busca daquela que se perdeu, até encontrá-la?*
*E, achando-a, põe-na sobre os ombros com alegria e, voltando para casa, convoca os amigos e os vizinhos, dizendo-lhes: "Alegrai-vos comigo, porque encontrei a minha ovelha, a que estava perdida!"*

E concluiu:

– *Em verdade vos digo que maior alegria sente por causa desta, do que pelas noventa e nove que não se extraviaram. Eu vos digo que do mesmo modo haverá mais alegria no Céu por um pecador que se arrepende, do que por noventa e nove justos que não necessitam de arrependimento.*
*Assim, pois, não é da vontade de vosso Pai que está nos Céus, que se perca nem um destes pequeninos.*

A parábola é de clareza meridiana.
Lendo-a, ficamos a imaginar de que baú de contradições as religiões ortodoxas tiraram o conceito das

penas eternas, do sofrimento irremissível para aqueles que se comprometam com o erro e o vício.

Afirmam os pregadores que Deus se preocupa conosco, disposto a nos buscar nos abismos; mas, se não o ouvimos durante a existência humana, após a morte vem a danação eterna.

Por que a misericórdia divina se faz sentir apenas do lado de cá?

Por que não do lado de lá?

É lá, na verdade, que os Espíritos se dispõem a mudar. Aqui vivemos envolvidos por ilusões e fantasias, vícios e paixões.

Ao desencarnar enxergamos melhor. Contemplamos a realidade. Seria maldade divina não aceitar o arrependimento além-túmulo, oferecendo-nos a oportunidade de reabilitação.

Observemos a beleza da mensagem de Jesus, exaltando a bondade do Criador.

É o pastor que deixa noventa e nove ovelhas e vai em busca daquela que se perdeu. E a põe sobre os ombros trazendo-a para o redil. Depois festeja com os amigos por tê-la encontrado.

Haverá algo mais claro a nos dizer da bondade de Deus, que não abandona seus filhos, na Terra ou no Além?

E tem mais: na observação final da parábola Jesus proclama que Deus não quer perder nenhum de seus filhos. E não perde mesmo, ou não seria o Onipotente!

Para o Espiritismo não há um dualismo, forças antagônicas a se digladiarem, o Bem e o mal, como sugeria Maniqueu.

Há um único poder, uma única força soberana, absoluta, inabalável – Deus!

O diabo é apenas um filho transviado. Ainda que rebelde e agressivo, está submetido a leis inexoráveis de evolução, que, mais cedo ou mais tarde, o reconduzirão aos roteiros do Bem.

Ele também será anjo um dia, assim como todos nós.

Ninguém se perderá, na obra da Criação.

\*\*\*

Quanto a Jesus, não é o salvador, como se apregoa.

Parece heresia, amigo leitor?

Bem, consideremos que o princípio teológico de que Jesus veio para nos salvar do inferno, livrando-nos da mácula do pecado original cometido por Adão e Eva, não é aceito pelo Espiritismo.

Adão e Eva são figuras mitológicas. Não há mácula nenhuma a ser lavada pelo sangue de um salvador.

O mal em nós é fruto de nossas imperfeições.

É o Bem que ainda não chegou.

É a treva que se desfará quando chegar a Luz.

Jesus veio salvar-nos da ignorância, dedicado professor a nos mostrar como superar nossas limitações pelo empenho de cumprir a Lei do Amor, a lei suprema do Universo.

É o que Deus espera de nós. Se não o fizermos, sofreremos as conseqüências no Mundo Espiritual, não de maneira irremissível, porquanto Nosso Pai nos proporciona infinitas oportunidades de reabilitação.

Quanto mais rápido o nosso despertar, melhor para nós.

E, certamente, haverá festas no Além quando isso acontecer.

# Cair em si

*Lucas, 15:11-24*

Tinha dois filhos aquele homem rico, senhor de muitas terras...

Um dia o mais moço, certamente cansado das disciplinas a que era submetido na casa paterna, disse-lhe:

– *Meu pai, quero minha parte na herança.*

Bem merecia severa repreenda por sua petulância. Era herdeiro, não o dono.

Sabiamente, porém, o pai considerou que era chegado o tempo do filho ter suas próprias experiências.

Deixaria o aprendizado suave no lar e teria mestra bem mais rigorosa – a Vida.

Segundo a lei, quando eram apenas dois filhos, o primogênito herdava dois terços dos bens.

Assim, o filho mais moço recebeu um terço, juntou seus pertences e partiu para um país distante, o mais longe possível.

Não queria os olhos paternos sobre ele.
Ansiava por desfrutar plena liberdade.
Engano freqüente, próprio da juventude – desprezar a experiência dos mais velhos.
Logo se cercou de amigos... do seu dinheiro.
Viveu prodigamente, gastando muito sem economizar nada, sem investir, empolgado pelos prazeres imediatistas.
Em pouco tempo dissipou seus haveres.
Com eles perdeu os supostos amigos.
Viu-se só, sem recursos.
Era época de depressão, país assolado pela fome.
Depois de muito procurar, tudo o que conseguiu foi um serviço no campo – guardador de porcos. Suprema humilhação para um judeu – cuidar de animais considerados "imundos" em suas tradições religiosas.
Vivia miseravelmente, com inveja até dos suínos sob seus cuidados. Bem tratados, recebiam rações abundantes de alfarroba, uma vagem adocicada e nutritiva.
Quanto aos servos, chegavam a passar fome. Eram descartáveis... Sobrava a oferta de mão-de-obra.
Afinal, depois de muito sofrer, o jovem *caiu em si*.
Reconheceu que cometera um grave engano.

*– Quantos empregados de meu pai têm pão com fartura, e eu aqui estou, morrendo de fome!*

E decidiu:

– *Regressarei à casa de meu pai.*

Chegou até a pensar no que diria:

– *Pai, pequei contra o Céu e diante de ti. Já não sou digno de ser chamado teu filho. Trata-me como um de teus empregados.*

Deixou a fazenda e partiu.
Viagem longa e sofrida, sem dinheiro, sem acompanhantes, sem serviçais, sem carruagem... Transpôs a imensa distância a esmolar alimento e pousada.
Finalmente, depois de muito caminhar, chegou ao fim da jornada. Exausto, faminto, roupas esfarrapadas, cabelos e barba em desalinho, mais parecia um mendigo. Coração a pulsar agitado, emoção incontida, aproximou-se do lar.
O pai certamente fora avisado de sua presença, pois veio correndo ao seu encontro. Sem uma palavra de admoestação ou queixa, deu-lhe apertado abraço e o beijou carinhosamente.
O filho, em lágrimas copiosas, extravasando arrependimento e saudade, ajoelhou-se.

– *Pai, pequei contra o Céu e diante de ti! Já não sou digno de ser chamado teu filho...*

Adivinhando que o jovem pretendia submeter-se à suprema humilhação de ser acolhido como simples empregado, o pai não o deixou prosseguir. Ergueu-o de encontro ao peito e, transbordante de felicidade, dirigiu-se a seus servos:

– *Trazei-me depressa a melhor túnica e a vesti em meu filho; ponde-lhe o anel no dedo e sandálias nos pés. Trazei também o novilho cevado. Preparemos uma festa. Comamos e regozijemo-nos, porque este meu filho estava morto e reviveu; estava perdido e foi encontrado.*

A melhor túnica, longa, de fino linho, era reservada para acontecimentos especiais.
O anel, com pedra preciosa engastada, era usado pelas pessoas de classe social elevada.
Os calçados distinguiam os senhores dos servos. Estes andavam descalços.
Aquelas recomendações significavam que o jovem não fora rebaixado a simples servo.
Era o filho muito amado de retorno ao lar.

\*\*\*

Temos aqui a famosa *Parábola do Filho Pródigo*, a mais notável de quantas Jesus contou.
É tão bela quão simples. Fácil de ser interpretada.

O pai generoso é Deus.

Seu filho, o ser humano.

No estágio de evolução em que nos encontramos, alma adolescente, imaturos e orientados pelo egoísmo, malbaratamos as dádivas divinas.

Tomamos nossa herança, simbolizada pelos valores da inteligência e o tesouro do tempo, e nos afastamos da casa paterna, isto é, da disciplina e do discernimento, que sustentam a comunhão com Deus.

Empolgados por enganosas promessas de prazer, conforto, riqueza e poder, com que o mundo nos acena, resvalamos para o imediatismo terrestre, na rotina do *comer, dormir, vestir, trabalhar, procriar, divertir-se...*

Avançamos por estéreis campos de indiferença em relação aos objetivos da vida e dissipamos as oportunidades de edificação como quem joga fora imensa fortuna.

Quando surgem as atribulações, os períodos de crise, de dificuldade, em que a vida testa nossas aquisições ou exige a reformulação de nosso comportamento, ei-nos à semelhança do homem imprevidente, que não se preparou na abundância para os dias de escassez.

Espírito vazio de ideais, coração atrelado às sombras, sentimo-nos quais mendigos de paz, atormentados por dúvidas e aflições, em clima de infelicidade crônica.

E invejamos pessoas que sob o ponto de vista humano parecem inferiores – têm menos dinheiro, são incultas, estão em posição social humilde –, mas detentoras da única riqueza autêntica, pela qual daríamos tudo o que temos: um coração em paz!

À semelhança do filho pródigo, poderíamos considerar:

– *Quantos humildes servidores de meu pai têm o pão da tranqüilidade, enquanto eu me alimento de inquietação.*

É que eles permanecem na casa paterna.

Estão em comunhão com o Pai, a exprimir-se nos valores do sacrifício e da renúncia, do trabalho e da abnegação.

Cumprem fielmente seus deveres, particularmente o de comportarem-se como filhos do Altíssimo.

\*\*\*

Para saber a que distância estamos do Senhor da Vida, basta examinar nosso íntimo.

Se há inquietação, tensão, angústia, insatisfação, tristeza, depressão, desajuste, é porque permanecemos afastados da casa paterna.

O filho pródigo *caiu em si,* segundo a expressão evangélica, isto é, reconheceu seus enganos, a necessidade de procurar o pai.

Glorioso e decisivo momento!

Felizes os que *caem em si,* os que se dispõem a mudar de rumo enquanto no trânsito terrestre.

Multidões o fazem apenas no plano espiritual, depois de prolongados padecimentos. Há, ainda, Espíritos que se demoram séculos em regiões sombrias, por não reconhecerem sua miséria moral, nem decidirem caminhar ao encontro do Criador.

\*\*\*

Imperioso que esse despertamento ocorra durante a experiência humana, a fim de que a morte não nos imponha penosas surpresas. É o primeiro passo para que nos habilitemos à renovação, agilizando nossa jornada para Deus.

O caminho delineado está no comportamento religioso. Não é por acaso que o termo religião, do latim *religare,* significa ligar ou religar.

Esqueçamos o aspecto formal da religião, o culto exterior, a mera freqüência aos templos.

Privilegiemos o conteúdo moral, a vivência dos princípios, cuja essência está nas lições ensinadas e exemplificadas por Jesus.

Diz o Mestre, em *O Sermão da Montanha (Mateus, 5:8):*

*Bem-aventurados os que têm limpo o coração, porque verão Deus.*

Sinalização perfeita, na singeleza do ensinamento. Caminhar para Deus é depurar o coração, eliminando nódoas que se sustentam nos sentimentos inferiores que caracterizam a Humanidade, no estágio evolutivo em que nos encontramos.

Podemos até avaliar nossos avanços nessa direção, considerando algumas situações:

Diante dos filhos.
O homem comum:
– São indisciplinados. Precisam de castigo.
O homem puro:
– São imaturos e inseguros. Precisam de carinho.

Diante dos pais.
O homem comum:
– Não sabem nada.
O homem puro:
– Tenho muito a aprender com eles.

Diante do familiar em desajuste.
O homem comum:
– É um imbecil, tresloucado!

O homem puro:
– É o irmão que pede paciência.

Diante do pedinte.
O homem comum:
– Mais um malandro!
O homem puro:
– Em que posso ajudar?

Diante da ofensa.
O homem comum:
– Vou comer-lhe o fígado!
O homem puro:
– Não foi nada.

Diante das atribulações.
O homem comum:
– Estou farto!
O homem puro:
– Poderia ser pior.

Diante da enfermidade.
O homem comum:
– É uma tortura insuportável!
O homem puro:
– Abençoado embelezamento para a alma!

*Richard Simonetti*

Diante de uma falta.
O homem comum:
– Negarei até a morte!
O homem puro:
– Assumo minha responsabilidade!

Diante da maledicência.
O homem comum:
– ...E tem mais!
O homem puro:
– Não me compete julgar.

Diante da morte.
O homem comum:
– Tenho medo!
O homem puro:
– Estou pronto!

Dá para perceber que estamos mais perto do homem comum.

Não obstante, conquistaremos a pureza ideal para o encontro com Deus, se estivermos dispostos a usar esse tira-manchas infalível – o Evangelho.

É preciso "esfregar" com perseverança e vigor esse "detergente" infalível que depura nossos pensamentos, palavras e ações.

E como nos receberá o Todo-Poderoso.

Com sanções severas?

Com admoestações exasperadas?

Com o rigor do patrão intransigente diante do servo em falta?

Não! Deus é nosso Pai e já nos amava antes que o conhecêssemos.

A parábola é muito clara a esse respeito.

Júbilos celestes marcarão nosso encontro com o Senhor que, na intimidade de nossas almas, nos procura, nos fala, nos chama, nos guia, nos espera!

# *Cair em Cima*

*Lucas, 15:25-32*

A *Parábola do Filho Pródigo* tem um desdobramento, nem sempre observado, mas igualmente importante.

Durante a comemoração pelo retorno do filho caçula, o mais velho, que estava no campo, retornou ao lar.

Aproximando-se, ouviu música e o burburinho festivo.

Chamando um dos servos, perguntou-lhe o que estava acontecendo.

*– Teu irmão voltou e teu pai matou o novilho gordo, porque o recuperou são e salvo.*

Indignado, ele não quis entrar.

Vendo-o, o pai aproximou-se e insistiu para que participasse da festa.

Raivoso, o primogênito "caiu em cima" do genitor, a reclamar:

– *Há tantos anos que eu te sirvo, e nunca transgredi uma ordem tua, e jamais me deste um cabrito para festejar com meus amigos. No entanto, veio esse teu filho, que devorou teus bens com meretrizes, e mataste para ele um novilho gordo!*

O pai lhe disse:

– *Filho, tu sempre estás comigo e tudo o que é meu é teu. Mas era preciso fazer festa e alegrar-nos, porque esse teu irmão estava morto e reviveu, estava perdido e foi reencontrado.*

Há aqui o velho problema do egoísmo, móvel das ações humanas, origem primordial de todo o mal que há no Mundo.

Sua ação é terrível.

É capaz de conturbar a instituição mais sagrada do mundo – a família.

O sangue fala alto quando envolve os desafios da existência, o enfrentar a adversidade, os problemas, as dores... O grupo familiar faz-se unido, coeso, um por todos, todos por um!

Mas, quando entra o interesse pessoal, principalmente de ordem pecuniária, envolvendo bens materiais, salve-se quem puder!

Sucedem-se brigas e discussões. O familiar torna-se

inimigo. Parente vira serpente!
Os tribunais estão lotados de processos envolvendo heranças e divisão de bens.

Nesse vale tudo, os mais fortes, com mais recursos para contratar os melhores advogados e forjar situações favoráveis, acabam levando vantagem, sem nenhuma preocupação com os prejuízos que causam às pessoas do mesmo sangue. É como se não fossem da família.

Observemos como o filho mais velho, dirigindo-se ao pai, refere-se ao mais novo:

*... esse teu filho...*

Já não era o irmão. Apenas um estranho, um atrevido que vinha apossar-se de seus bens.

\*\*\*

Num primeiro momento poderíamos dar razão ao filho mais velho. Afinal, permaneceu no lar, obediente ao pai. Deu duro, trabalhou, enquanto o mais novo desfrutava de prazeres, envolvia-se com gente de má vida.

Eis que, depois de ter gasto um terço dos bens da família, atreveu-se a retornar.

Embora o pai tenha comentado que tudo o mais era dele, sempre haveria pressão para que algo de substancial fosse destinado ao caçula, prejudicando-o.

Se analisarmos a questão sob o ponto de vista estritamente humano, considerando a justiça da Terra, o raciocínio está perfeito.

Fez! Que pague!

Se não se comportou como filho, seja servo – com muitos deveres e nenhum direito.

Ocorre que não estamos lidando com a justiça da Terra.

Trata-se da justiça do Céu, que é diferente.

No *Sermão da Montanha* (Mateus, 5:20), há uma observação basilar de Jesus:

*Se a vossa justiça não exceder a dos escribas e fariseus, de modo nenhum entrareis no Reino dos Céus.*

A justiça dos escribas e fariseus é a de Moisés: olho por olho, dente por dente.

A justiça proposta por Jesus tem um componente a iluminá-la – a misericórdia.

É aquela justiça que dá a cada um segundo suas obras, mas jamais discriminando o que erra, oferecendo-lhe reiteradas oportunidades de reabilitação.

Foi essa justiça que o pai usou com o filho pródigo, já suficientemente castigado pelos sofrimentos que enfrentou, na longa jornada de retorno à casa paterna.

Tomou consciência de seus erros, sofreu as conseqüências, arrependeu-se, dispôs-se a mudar.

Por que, portanto, discriminá-lo?

Curioso como os homens pretendem levar a justiça torta do irmão mais velho Além-Túmulo, com a idéia das penas eternas.

Morreu em pecado, ainda que próximo de nós, ainda que ligado a nós pelo sangue, já não é nosso familiar. Perdeu a humanidade. Que se dane para sempre nas profundezas do inferno!

E onde fica a misericórdia infinita de Deus, revelada por Jesus, que pressupõe infinitas oportunidades de reabilitação?

***

Filha dileta do egoísmo é a inveja, um *pecado capital* capaz de remeter-nos para as profundezas do inferno, quando a morte providenciar nossa transferência para o Além.

Bem antes disso, ainda em vida, o invejoso costuma sentir-se nele.

Em sua expressão mais simples, inveja é o desejo de possuir o bem alheio e o desgosto por não tê-lo.

Acontece, freqüentemente, entre irmãos.

Raras famílias não enfrentam esse problema.

Os pais vêem-se na contingência de agir com muito cuidado no lidar com os filhos, porquanto tudo o que façam por um será cobrado pelos outros. Estão sempre vigilantes, exigindo algo semelhante, sem considerar as circunstâncias e as necessidades de cada um.

Tragédias, não raro, acontecem, envolvendo irmãos inconformados.

O primeiro fratricídio da história, irmão que mata irmão, está na Bíblia *(Gênesis, 4:1-8):*

Caim, com inveja de Abel, achando que o pai lhe dava mais atenção, conduziu o irmão a local ermo e o matou.

Quando Jeová veio perguntar-lhe onde estava Abel, deu de ombros:

*– Acaso sou eu o guardião de meu irmão?*

Não estava nada preocupado com a sorte dele. Muito menos com o fato de tê-lo assassinado.

\*\*\*

A propósito, leitor amigo, proponho-lhe um teste relacionado com o cotidiano, envolvendo a inveja.

Anote os itens em que se enquadre, segundo sua idade e sexo, envolvendo família, sociedade e profissão:

- Família.

O irmão ganha um presente de nossos pais.

a) Festejamos com ele.

b) Ficamos possessos:

– Exijo algo semelhante!

Nossos pais preocupam-se com um filho. Vive aprontando. Não medem dedicação para colocá-lo no bom caminho.
a) Damos a maior força. Precisa de ajuda.
b) Vociferamos:
– Injustiça! Logo esse pilantra é o preferido?!

Nosso irmão vai muito bem na escola. Tem ótimas notas.
a) Vemos nele um exemplo a imitar.
b) Torcemos o nariz:
– É um idiota. Vive debruçado nos livros, sem tempo para viver!

• Sociedade.
A amiga compra belo vestido.
a) Elogiamos sinceramente seu bom gosto.
b) Logo o desvalorizamos:
– Não combina com você. E já notou um defeito nas costas?

Ela se casa com jovem rico, bonito e charmoso.
a) Regozijamo-nos.
b) Ficamos incomodados:
– Não sei o que viu nela!

Nasce o primeiro filho do casal.
a) Ficamos jubilosos.
b) Questionamos o Criador:
– Por que tudo para ela e nada para mim?!

O casamento conturba-se. Vem a separação.
a) Solidarizamo-nos. Sofremos com nossa amiga.
b) Experimentamos uma ponta de satisfação:
– Era muita areia para seu caminhão!

O amigo vai em viagem de férias à Europa.
a) Vibramos com ele. É uma excursão maravilhosa.
b) Ficamos incomodados:
– Pobre metido a besta!

O amigo constrói bela residência.
a) Consideramos elogiável o seu bom gosto.
b) Fofocamos:
– De onde tirou o dinheiro? Sei não...

- Profissão.
  O colega de serviço faz amizade com o chefe:
  a) Enaltecemos seu bom relacionamento.
  b) Destilamos veneno:
  – Puxa-saco desavergonhado!

Ele é prestativo e disciplinado.
a) Admiramos sua dedicação.
b) Menosprezamos seu esforço:
– Quer aparecer!

O colega de serviço recebe uma promoção.
a) Vamos cumprimentá-lo. Mereceu!
b) Ficamos indignados:
– Panela de sem-vergonhas! Fui passado para trás!

Se cravamos várias respostas no item "b", estamos mal.

Sempre que nos sentimos incomodados, deprimidos, inquietos, infelizes, irritados com o sucesso alheio, entramos nos perigosos caminhos da inveja.

É preciso mudar, reconhecendo que a felicidade tem muito a ver com a capacidade de ficarmos felizes com a felicidade dos que cruzam nosso caminho.

# Investimentos

*Lucas, 16:1-13*

O empresário foi informado de que um de seus administradores o roubava.

Indignado, disse-lhe:

– *O que é isso que ouço dizer de ti? Dá-me conta de tua administração, pois já não poderás ser meu administrador!*

Geralmente os funcionários desonestos são perdulários.

Gastadores compulsivos, são candidatos certos à corrupção. Valem-se do dinheiro alheio, sem nenhum escrúpulo. Não raro, esbanjam tudo, sem o cuidado de algo reservar para o futuro.

Foi o que aconteceu com o tal administrador.

Em vias de perder o emprego, sentia-se perplexo e assustado.

– *E agora? Que hei de fazer, já que o meu amo me*

*tira a administração? Trabalhar na terra não sei. De mendigar tenho vergonha...*

Com a engenhosidade dos corruptos, concluiu:

*– Já sei o que farei, a fim de que, quando for despedido do meu emprego, haja quem me receba em sua casa.*

Chamou vários devedores e perguntou ao primeiro:

*– Quanto deves ao meu patrão?*
*– Cem medidas de azeite.*
*– Pois então, toma a tua conta, senta-te e escreve depressa cinqüenta.*
*– E tu, quanto deves?*
*– Cem alqueires de trigo.*
*– Toma a tua conta e escreve oitenta.*

Assim, foi se arrumando.

Vê-se que o "jeitinho brasileiro", que quase sempre exprime desonestidade, é apenas um nome novo para velho problema, que existe desde Adão e Eva. O mitológico casal foi expulso do paraíso por infringir um regulamento divino.

O "homo sapiens", o ser pensante, bem pode ser definido também como um "homo corruptus", o ser corrompido.

É próprio do estágio de evolução em que nos encontramos, num planeta atrasado, governado pelo egoísmo, em que os interesses pessoais prevalecem sobre o Bem e a Verdade.

\*\*\*

Comentando a parábola, diz Jesus:

– *Os filhos do mundo são mais hábeis em defender seus interesses do que os filhos da luz.*

*Filhos do mundo* – os que vivem em função de efêmeros interesses materiais.

*Filhos da luz* – os que vivem em função de imperecíveis valores espirituais.

Os primeiros são agressivos.

Não vacilam em exercitar a mentira e a desonestidade para alcançar seus objetivos.

Alguns exemplos:

A vendedora tem dificuldade em encontrar vestido adequado para a freguesa, um tanto avantajada nas formas.

O único que se aproxima de suas medidas está exageradamente apertado, beirando ao ridículo.

A lojista demonstra artificial entusiasmo:

– Caiu como uma luva! Lindo, lindo!

E lá se vai a senhora com um traje que lhe imporá triste figura.

O técnico verifica que não há defeito no aparelho eletrônico. Apenas mau contato num componente.
Engabela o freguês:
— É preciso trocar o cabeçote e o sintetizador.
E fatura algumas dezenas de reais, em suposto conserto.

O paciente terminal está prestes a expirar.
O médico recomenda:
— Vamos interná-lo na UTI. Haverá possibilidade de recuperá-lo.
E a família iludida apenas prolonga a agonia do paciente, engordando a conta bancária do desonesto comerciante da medicina.

O proprietário do posto de gasolina orienta o gerente:
— Acrescente dez por cento de água em nossos tanques.
E amplia seu rendimento, em detrimento dos automóveis que ali abastecem.

Em princípio, os filhos do mundo fazem sucesso, têm facilidade para ganhar dinheiro com sua enganação.
Mas há dois problemas.

Primeiro: perdem a confiança das pessoas e acabam mal.

Segundo: perdem o compasso da Vida. São intranqüilos, tensos. Isso sem falar das cobranças que lhes serão feitas quanto retornarem ao plano espiritual, em face de seus comprometimentos com a mentira.

Os filhos da luz vão mais devagar, não vivem em função de seus negócios.

Atentos aos ditames da própria consciência, recusam-se a iniciativas que possam causar prejuízo a alguém ou contrariar os dispositivos da lei.

A vendedora à freguesa:

– Nosso estoque está desfalcado. Sugiro que procure a loja ao lado, que tem modelos lindos.

O técnico ao proprietário do aparelho:

– Não havia problema algum. Apenas uma tomada com mau contato, que acertei. Não há nada a pagar.

O médico à família do moribundo:

– Levá-lo para a UTI apenas vai prolongar sua agonia.

O proprietário do posto de gasolina ao gerente.

– Não fazemos trambiques.

Estes em princípio levam desvantagem na selva sombria dos interesses humanos. Com o passar do tempo, conquistam espaço. São confiáveis.

E há o prêmio maior – as benesses divinas.

Harmonizam-se com os ritmos da vida, alma em paz.

Estarão sempre bem amparados e habilitados a feliz retorno à Espiritualidade, quando chegar sua hora.

\*\*\*

Recomenda Jesus:

*Por isso vos digo: das riquezas de origem iníqua fazei amigos, para que, quando estas vos faltarem, os amigos vos recebam nos tabernáculos eternos.*

Riquezas de origem iníqua são as conquistadas de forma desonesta. É o que chamaríamos de dinheiro sujo.
Jesus diz que devemos usá-lo para fazer amigos e receber benefícios em relação à vida eterna.
Levando ao pé da letra, imaginemos o traficante de drogas, que enriquece à custa do vício e da desgraça alheia.
Cogita com seus botões:
– Vou dar uma parte do que arrecadar aos pobres para merecer as bênçãos divinas.
Negativo.
Além de candidatar-se a penosos resgates pelo mal que está fazendo a muita gente, há o agravante de querer comprar a justiça divina. Suas doações não reduzirão, em um único centavo, o montante de seus débitos.
Menos mal seria se, reconhecendo os crimes que cometeu, assumisse compromisso diferente:

— A partir de hoje encerrarei minha carreira criminosa e todo o dinheiro que arrecadei vou doar a instituições de benemerência social.

\*\*\*

O espírito da parábola é mais profundo.

Jesus reporta-se ao indivíduo que se multiplica em interesses comerciais; que acumula ouro e poder, pensando unicamente no próprio bem-estar.

Ainda que cumpra as leis, sua riqueza é iníqua.

Para compreender seu pensamento, consideremos algo fundamental:

Ninguém é proprietário de nada.

Todos os patrimônios do Universo pertencem a Deus.

Tanto é verdade que, por mais rico seja o indivíduo, não levará um só centavo para o Além, quando convocado pela morte, ainda que seja sepultado num caixão forrado de ouro e repleto de pedras preciosas.

O esperto dirá:

— Guardarei para o futuro. Reencarnarei como filho de meu filho e terei meus patrimônios de volta.

Pobre tolo!

É mais provável que reencarne como filho de seu mais humilde serviçal ou algo semelhante, para que supere o apego aos bens materiais.

***

Em nosso próprio benefício, imperioso não esquecer que somos apenas administradores de bens que detemos precariamente.

Se o homem rico só pensa em si mesmo, estará usando em proveito próprio uma riqueza que pertence a Deus.

É o caso do administrador, na parábola.

Imaginemos um milionário ao reconhecer essa realidade:

– Os patrimônios que movimento pertencem a Deus. Vou fazer o melhor com eles, favorecendo os meus semelhantes.

Então, uma riqueza que sob o ponto de vista espiritual era desonesta, porque só atendia às suas conveniências, será depurada, à medida que for usada para ajudar muita gente.

E ele conquistará amigos para a vida eterna.

Cada beneficiário de suas iniciativas será alguém disposto a ajudá-lo, em seu retorno à pátria comum. Terá muitas testemunhas de que agiu com prudência e sabedoria.

***

*Quem é fiel no pouco também é fiel no muito, e quem é injusto no pouco também é injusto no muito. Se, pois, não fostes fiéis nas riquezas vãs, quem vos confiará as verdadeiras? Se não fostes fiéis no alheio, quem vos confiará o que é vosso?*

Os bens materiais não nos pertencem – é tudo de Deus.

E os detemos em caráter precário – não irão conosco para o Além.

Se não somos fiéis em relação a eles, administrando-os com desprendimento, em proveito da coletividade, como conquistar a riqueza inalienável, envolvendo a caridade, a bondade, o amor?

\*\*\*

Jesus termina a parábola dizendo:

*Ninguém pode servir a dois senhores, porque ou há de aborrecer-se de um e amar o outro ou se devotará a um e desprezará o outro.*
*Não podeis servir a Deus e às riquezas.*

Não podemos pretender, ante essas afirmativas, que o homem rico distribua todos os seus haveres, livrando-se da riqueza para servir a Deus.

Estamos longe do desprendimento total.

Além do mais, escoaríamos nossos bens pelo

sorvedouro das necessidades alheias e seríamos apenas mais um carente.

Podemos servir a Deus, mesmo sendo ricos, desde que não sejamos servos do dinheiro, evitando que ele comande nossas iniciativas.

Seria fazer do dinheiro um meio, nunca a finalidade da vida, o que nos escravizaria a ele, impedindo-nos de usá-lo em favor do bem comum.

Se sentimos dificuldade em abrir a bolsa, abramos primeiro o coração.

Compadecendo-nos de nossos semelhantes, exercitando legítima solidariedade, aquela que sofre com o sofrimento alheio, não teremos dificuldade em mobilizar nossos recursos em seu benefício, como leais administradores de Deus.

\*\*\*

Há um aspecto que merece nosso cuidado.

Maus administradores dos recursos divinos que Deus coloca em nossas mãos, vacilamos diante das necessidades alheias.

Ganhemos pouco ou muito, nossas necessidades, envolvendo conforto e bem-estar, segurança e tranqüilidade para nós e os familiares, parecem-nos inesgotáveis, mobilizando todos os nossos recursos.

Por isso o ideal seria investir no que chamaríamos de

uma *poupança para a vida eterna*. Estabelecer um percentual de nossos rendimentos, formando um "fundo de beneficência".

Assim, quando solicitados a participar de campanhas variadas em favor da coletividade, não haverá problema. Recorreremos ao "dinheiro de Deus", que provisionamos.

A experiência demonstra que os que fazem assim colhem rendimentos de alegria, paz e saúde como jamais lhes proporcionaria o mais rentável negócio.

# Porteiro Intransigente

*Lucas, 16:19-31*

*Havia um homem rico que se vestia de púrpura e finíssimo linho e se banqueteava magnificamente todos os dias.*

*Um mendigo chamado Lázaro, coberto de chagas, jazia à sua porta, desejoso de saciar-se com as migalhas que caíam da mesa do rico; e até os cães vinham lamber-lhe as úlceras.*

*Morreu o mendigo e foi transportado pelos anjos ao seio de Abraão.*

*Morreu também o rico. No Hades, estando em tormentos, ergueu os olhos e viu ao longe a Abraão, e Lázaro no seu seio.*

O Hades era o inferno dos antigos.

Abraão, um dos pais do povo judeu, seria uma espécie de São Pedro, a definir quem iria para junto dele no Céu ou seria confinado no inferno.

Há idéias singulares nesta parábola:
A riqueza compromete.
A miséria santifica.
O rico foi parar no inferno, por quê?
Era mau, egoísta, violento?
Tiremos nossas conclusões concebendo um mendigo que viesse instalar-se em nossa porta, pretendendo alimentar-se das sobras de nossa mesa.
Podemos imaginar duas reações extremadas:

• Conversamos com ele, avaliamos sua situação e tentamos arranjar-lhe uma moradia ou a internação em instituição filantrópica.

• Chamamos o *tintureiro*, a polícia, para retirar aquele atrevido.

Praza aos céus não nos comprometamos na segunda atitude.
Mas, entre os dois extremos, situamos o rico, que permitiu ao mendigo por ali ficar.
Não possuía a bondade que o levasse para o Céu, mas também não era portador da maldade que o confinasse no inferno.
Se católico, eu o localizaria, transitoriamente, no purgatório.
E Lázaro?

Foi para o Céu como prêmio por sua bondade, virtude, humildade?

Não. Apenas porque... era um mendigo.

Até seu nome é insinuante.

Lázaro significa, em hebreu, *Deus ajuda*.

Traduzindo: *Deus está com os pobres*.

Comentava jocoso amigo:

— Não será o contrário? Deus parece estar mais com os ricos. Deu-lhes a riqueza. Aos pobres sobrou a necessidade.

Na verdade, Deus está com todos os seus filhos.

Nós é que nem sempre estamos com Ele.

Todo o mal do mundo sustenta-se no fato de que as pessoas raramente procuram Deus.

Lembro a história daquele homem que conversava com o barbeiro. Comentando uma notícia do jornal, envolvendo a morte de meninos abandonados, o barbeiro afirmou:

— Essa tragédia mostra que Deus não existe. Se existisse, não teríamos crianças abandonadas, tanta miséria, tanto sofrimento...

O freguês ficou pensando na afirmativa do barbeiro. Saindo, encontrou um mendigo com barba de muitos dias e longos cabelos, malcuidados.

Voltou à barbearia:

— Acabo de descobrir que os barbeiros não existem. Se existissem não haveria homens como o que acabo de

*Richard Simonetti*

ver, cabelos desgrenhados, barba por fazer.

O barbeiro retrucou, enfático:

– Posso garantir que existimos sim. Acontece que esse homem nunca veio aqui.

O freguês sorriu:

– Deus também existe! Ocorre que as pessoas não vão até Ele. Se O buscassem, seriam solidárias e não haveria crianças abandonadas, nem miséria no Mundo.

\*\*\*

Quando se fala em dinheiro é preciso lembrar sua neutralidade. Não é bom nem mau. Depende do uso que dele façamos.

Com ele podemos comprar o leite para a criança ou a arma para o bandido.

Não obstante, há quem enxergue nele a personificação do mal.

Nos primeiros séculos do Cristianismo houve facções a defender a idéia de que o ingresso no Céu exigia total renúncia aos bens da Terra.

Lembravam *O Sermão da Montanha* (*Mateus, 5:3):*

*Bem-aventurados os humildes, porque deles é o Reino dos Céus.*

Tomava-se a expressão humildade por sinônimo de pobreza. Ainda hoje há quem imagine que os pobres têm passagem garantida para o Paraíso.

Não é nada disso.

Jesus referia-se à humildade como consciência da própria pequenez diante de Deus e a disposição de servi-Lo.

Se o rico tiver essa consciência, reconhecendo-se depositário de bens que não lhe pertencem, dos quais prestará contas ao Criador; se os utilizar para promover o crescimento de seus subordinados e auxiliar os necessitados de todos os matizes, estará muito mais habilitado a uma situação feliz no Plano Espiritual do que o mais sofredor de todos os mendigos.

\*\*\*

A parábola tem seqüência:
O rico pôs-se a clamar:

— *Pai Abraão, tem compaixão de mim e manda a Lázaro que molhe a ponta de seu dedo e me refresque a língua, porque sofro tormentos nesta chama!*
*Mas Abraão lhe replicou:*
— *Meu filho, lembra-te de que recebeste os teus bens durante a vida e de que Lázaro só males padeceu; agora, porém, ele é consolado e tu ficas em tormentos. Além disto,*

*grande abismo existe entre nós e vós; de modo que os que querem passar daqui para vós, não podem; como também não se pode passar de lá para cá.*

A mesma idéia sempre presente: quem recebeu bens, vai para o inferno. Quem males enfrentou, vai para o Céu.

Pelo que se vê, Abraão era um São Pedro preconceituoso, linha-dura.

Não gostava dos ricos.

Além do mais, porteiro de um Céu estranho que desconhece a misericórdia. Não permite sequer que Lázaro vá amenizar os sofrimentos do rico.

Bem diferente de Jesus.

Segundo a tradição evangélica, fora dos Evangelhos canônicos, a primeira providência de Jesus, ao retornar ao Plano Espiritual, após a crucificação, foi visitar as regiões sombrias com o propósito de socorrer Judas, que havia cometido suicídio.

Essa infeliz idéia de separação rígida dos bons e maus, a consagrar celeste egoísmo, tem um ilustre defensor: Tomaz de Aquino.

Segundo o famoso teólogo medieval, Deus permite que os eleitos do Céu contemplem os tormentos dos condenados ao inferno para que se regozijem ainda mais com sua bem-aventurança.

Temos aqui a incrível consagração do sadismo no Céu!

Será assim mesmo?

Ficaria mais feliz uma mulher no Céu ao ver o filho no inferno?

A Doutrina Espírita, que nos oferece uma visão mais objetiva da vida além-túmulo, ensina que não é nada disso.

Os Espíritos que se situam em estágios mais altos de espiritualidade têm por motivação maior ajudar seus irmãos que estagiam em regiões de sofrimento.

Dizem os Espíritos superiores que a felicidade do Céu é socorrer a infelicidade da Terra, tanto no plano físico como no espiritual.

\*\*\*

Quando Abraão proclama que Lázaro não pode ir até o rico, estabelece lamentável limitação.

Afinal, se o habitante dos páramos celestes não pode locomover-se, situa-se em indesejável prisão, onde lhe falta o essencial para ser feliz – a liberdade.

Se a mãe não pode socorrer o filho aprisionado no "subsolo" infernal, de que lhe valerá viver na "cobertura" celestial?

Certamente, sua primeira providência seria um requerimento, pedindo transferência para os domínios do tinhoso.

Alguém lhe perguntaria, admirado?

– Vai renunciar ao Céu?

E ela:
— Meu céu é cuidar de meu filho.

***

Suplica o rico:

— *Pai, eu te rogo, então, que o mandes à casa de meu pai, pois tenho cinco irmãos, a fim de avisá-los e não suceda virem eles também para este lugar de tormento.*

Homem humilde e de bons sentimentos esse rico.
Não só aceita a sua situação sem revoltar-se, como pensa nos irmãos.
Pede a Abraão que permita a Lázaro avisá-los. Que se livrem das perniciosas riquezas para não caírem ali.
Não é assim que pensa Abraão:

— *Eles têm Moisés e os Profetas; que os ouçam.*
— *Não, pai Abraão, se algum defunto for ter com eles, hão de arrepender-se.*
— *Se não ouvem a Moisés e aos Profetas, tampouco acreditarão, ainda que alguém se levante dentre os mortos.*

O severo patriarca não dá colher de chá ao rico.
Não lhe é permitido nem mesmo avisar os familiares,

para que se livrem da danação.

Essa restrição é usada com freqüência por aqueles que contestam as manifestações mediúnicas.

Afirmam, peremptórios:

– Está claro, nesta parábola, que os mortos não se levantam das sepulturas.

Concordamos plenamente, com pequeno detalhe: em nenhum momento o Espiritismo fala de cadáveres redivivos.

São as almas dos mortos que se manifestam nas reuniões mediúnicas, com uma gloriosa mensagem de imortalidade, a nos dizer que continuam a existir, vivos e ligados a nós.

Isso tem sido demonstrado com o concurso de grandes médiuns, como Chico Xavier, de uma forma tão clara, tão objetiva, que só não acredita quem não quer.

Abraão está certo quando se reporta ao fato de que para dar notícias dos mortos há Moisés e os profetas.

Eram freqüentes as manifestações dos Espíritos na primitiva comunidade cristã.

Envolviam tantos profetas, como eram chamados os médiuns, que, na Primeira Epístola aos Coríntios, o apóstolo Paulo estabelece normas disciplinadoras para aquele intercâmbio.

Jesus também conversava com os Espíritos, afastando de suas vítimas os impuros que as perturbavam.

O leitor estranhará meu comentário inicial de que esta parábola é *atribuída* a Jesus.

É que, provavelmente, não é do Mestre.

Pelo menos não foi essa a versão original.

É fácil perceber, porquanto exprime insuperável contradição entre a misericórdia preconizada em seus ensinos e o inferno irremissível e inabordável nela apresentado.

O comportamento de Abraão aproxima-se de intransigente carcereiro, jamais de um porteiro do Céu.

Significativo o fato de que essa parábola consta apenas do Evangelho de Lucas, que não conviveu com Jesus.

Era freqüente, nos primórdios do Cristianismo, antes que fossem redigidos os textos definitivos, colocar nos lábios de Jesus palavras que ele não disse e princípios que não defendeu, atendendo aos interesses de cada época.

Exegetas rigorosos, que fazem minucioso estudo dos textos, põem dúvida em vários relatos evangélicos, como esse do rico e de Lázaro, a exprimir as tendências da igreja medieval, à distância do pensamento de Jesus.

Kardec recomendava que devemos passar pelo crivo da razão tudo o que examinarmos, só aceitando o que for compatível com a lógica e o bom senso e que não seja conflitante com a essência das idéias que nos são apresentadas.

Não podemos atribuir a Jesus ensinamentos que

negam a sua doutrina.

O mesmo deve ser aplicado em relação ao próprio Espiritismo.

Muitas tolices, muitas práticas estranhas, muitas superstições que grassam em nosso meio seriam evitadas se fôssemos mais amigos do estudo, dispondo-nos a separar o joio do trigo.

Nesse aspecto, há uma observação basilar do Espírito Erasto, um dos mentores da Codificação, em *O Livro dos Médiuns:*

*É preferível rejeitar dez verdades a aceitar uma só mentira.*

# O Trigo e o Joio

*Mateus, 13:24-30*

Tendo contato freqüente com pastores e lavradores, Jesus usava imagens envolvendo atividades do campo. Graças a essa inteligente associação, seus ensinamentos fixavam-se com facilidade na alma popular.
Tal é a *Parábola do Joio e do Trigo*.

*O Reino dos Céus é semelhante a um homem que semeou boa semente de trigo no seu campo. Mas, enquanto os homens dormiam, veio um inimigo dele, semeou joio no meio do trigo e retirou-se.*

*Quando, pois, o trigo cresceu e deu frutos, apareceu também o joio. Chegando os servos do dono do campo, disseram-lhe:*

*— Senhor, não semeaste boa semente no teu campo? Pois donde vem o joio?*

*Respondeu-lhes ele:*

*— Algum inimigo fez isso.*

*Os servos continuaram:*

– Queres que o arranquemos?
– Não – respondeu ele, – para que não suceda que, tirando o joio, arranqueis juntamente com ele o trigo. Deixai crescer ambos juntos, até a ceifa. E, no tempo da colheita direi aos ceifadores: – Ajuntai o joio, atai-o em feixes para queimá-lo, mas recolhei primeiro o trigo no meu celeiro.

Todos conhecemos o trigo, o mais nobre dos cereais, universalmente utilizado para preparar o pão.
O joio é uma erva semelhante, que também produz cachos de sementes. Não serve de alimento, porquanto é venenoso. Se brota nos trigais, somente na colheita é possível separá-lo sem comprometer o precioso cereal.
Conta-se que, nos tempos de Jesus, quando alguém queria prejudicar um lavrador, jogava sementes de joio em seu trigal, criando-lhe sérios embaraços.

***

O joio e o trigo representam o Bem e o mal.
– O que é o Bem? – pergunta o professor de teologia, na sala de aula.
Silêncio. As pessoas têm dificuldade para lidar com definições. Sócrates costumava confundir seus adversários, pedindo-lhes que explicassem os termos que empregavam.

– Então, o que é o Bem?
Um aluno arrisca:
– Tudo o que é bom para nós...
– Você gosta de sorvete?
– Adoro!
– Diria, então, que o Bem pode ser um picolé?
– Sim...
– E para quem não gosta, é o mal?
Classe em silencioso respeito, continua o professor:
– O Bem tem que ser algo mais amplo, transcendente, capaz de beneficiar a todos que com ele se envolvem. Como podemos situar algo que seja bom para todos?
Responde outro aprendiz:
– Isso, só Deus é capaz!
– Acertou! O Bem é a vontade de Deus!
Perguntará o amável leitor:
– Como saber o que o Criador espera de nós?
Aqui entram as revelações.
Em determinados momentos, missionários vindos à Terra superam as limitações de seu tempo e, em gloriosos *flashes*, desvendam algo dos desígnios divinos.
O primeiro foi Moisés. Explicou o que Deus não quer.
Não matar, não roubar, não mentir, não furtar, não cobiçar, não cometer adultério... Não fazer ao próximo o que não queremos que o próximo nos faça.

Depois veio Jesus. Explicou o que Deus quer.

Tolerar, perdoar, compreender, respeitar, amar, ajudar, amparar... Fazer ao próximo o que queremos que ele nos faça.

Desde os primórdios, o Bem foi semeado por Deus em nossas entranhas, pedindo o concurso do tempo e nosso esforço pessoal para se desenvolver.

As revelações divinas têm por objetivo acelerar o seu crescimento, como um adubo poderoso e abençoado.

\*\*\*

E o mal?

Obviamente é o que contraria a vontade de Deus.

Como o Evangelho é o código supremo a exprimir a vontade divina, diríamos que o mal surge de nossa ação quando não observamos as lições de Jesus, cultivando viciações, mazelas, desatinos, crimes...

O mal tem por representantes indivíduos dominados pela ambição e pela rebeldia, que se põem a induzir a criatura humana ao erro e ao vício, descumprindo os desígnios celestes.

A teologia ortodoxa os situa como demônios.

Na verdade são apenas filhos de Deus transviados, que um dia retornarão ao bom caminho.

\*\*\*

Quando Jesus diz que é preciso deixar o trigo e o joio, o Bem e o mal crescerem juntos, exprime, simbolicamente, a tolerância divina em relação às experiências humanas.

Ocorre que o Bem, em princípio, é planta frágil que precisa de espaço para crescer.

Por isso Deus nos concede o livre-arbítrio, a faculdade de decidirmos nossa vida, os rumos que vamos tomar, a fim de que aprendamos os valores da responsabilidade a partir de nossa própria experiência.

Se o Senhor simplesmente esmagasse o mal infiltrado no coração humano, eliminaria nossa iniciativa e nos tornaria incapazes de distinguir o certo do errado e de assumir as conseqüências de nossas ações.

A violência divina eliminaria o trigo junto com o joio.

\*\*\*

Podemos ajustar a parábola evangélica ao relacionamento entre pai e filho.

Se o pai identifica um comportamento indesejável no filho e usa de violência, a fim de modificá-lo, partindo até mesmo para a agressão física, poderá imaginar que cortou o mal pela raiz.

Mero equívoco. Apenas recalcou as tendências do filho, que mais cedo ou mais tarde reaparecerão.

E inibirá suas iniciativas no desenvolvimento de valores positivos e virtudes, simbolizados pelo trigo.

Bem, então, o que fazer? Deixar que se desenvolvam livremente as tendências inferiores, o joio, no comportamento do filho?

Evidentemente, não! Mas é preciso cuidado ao lidar com o joio, para não matar o trigo.

Imperioso estimular o crescimento do trigo com os bons exemplos, a atenção, o carinho, o ensino dos valores morais, a orientação evangélica, inibindo o joio.

No livro *E, para o Resto da Vida...*, Wallace Leal Rodrigues reporta-se a uma história bem ilustrativa.

Conta ele que um menino, com a inocência maldosa que caracteriza, não raro, o comportamento infantil, matou um pardal nos fundos de sua casa, usando uma espingarda de pressão.

Pouco depois, encontrou o pai a retirar insetos de uma teia de aranha. Perguntou-lhe a razão daquela iniciativa.

O pai o levou até o quintal e, em espessa folhagem, mostrou um ninho onde estavam quatro filhotes de pardal, que alimentou com os insetos.

O menino o ajudou a apanhar mais insetos. À noite, presenciou os cuidados do pai, que procurava agasalhar a ninhada com algodão.

Na manhã seguinte encontraram um filhote morto, vitimado pelo frio. À noite aumentou o frio. Morreram mais dois.

Restou um que parecia mais forte, mas sem a mãe, para ensiná-lo a voar e a defender-se, acabou perecendo também.

O menino, tomado de remorsos, confessou em lágrimas que fora ele quem matara a ave.

O pai lhe disse:

– Eu sei, meu filho, vi você fazer aquilo. Não se aflija, são raros os meninos que não fazem o mesmo. Quis apenas mostrar-lhe que, ferindo alguém, ferimos ao mesmo tempo outras pessoas e até mesmo as que mais amamos ou as que mais nos amam.

Se o pai houvesse agido com severidade, pronunciando extenso sermão quanto ao respeito pelos animais ou aplicando-lhe uns tabefes, o menino poderia achar tudo muito careta ou revoltar-se, sedimentando a vocação para matar passarinhos.

Sabiamente, o genitor tocou sua sensibilidade, oferecendo-lhe uma lição de respeito à Natureza que ele jamais esqueceria.

***

Deveríamos imitar o Pai Celeste, *que não usa de violência* conosco e espera pacientemente que floresçam as virtudes embrionárias que caracterizam nossa filiação divina.

Quando surge o joio, representado pelo mau uso do livre-arbítrio, Deus usa as bênçãos do tempo para trabalhar nosso coração com preciosos estímulos em favor de uma mudança de rumo, favorecendo o crescimento do trigo.

É o indivíduo mergulhado no vício e no desregramento que desperta para a responsabilidade a partir do contato com a religião.

É o casal perdido em desencontros e desavenças que acolhe nos braços um filho que chega, com abençoadas oportunidades de entendimento.

É a jovem inconseqüente a encontrar alguém que toca seu coração, dispondo-se a assumir o compromisso de uma relação estável.

Há sempre o cuidado do Céu, evitando inibir nossa iniciativa, mas convidando-nos ao crescimento do trigo em nossas almas, reduzindo espaços ao joio.

Estamos longe de possuir o necessário discernimento, a sensibilidade adequada para perceber a ação dos benfeitores espirituais, amparando-nos, ajudando-nos a realizar o Bem para que não nos entreguemos às sugestões do mal.

\*\*\*

Natural que, não obstante a inesgotável paciência de Deus, venha a ceifa, quando o joio deve ser separado do trigo. É tempo de avaliação, que se faz em três níveis.

- Primeiro: crise.

Quando surge, envolvendo enfermidades, dificuldades financeiras, problemas familiares, desilusões afetivas e outros percalços da jornada humana, temos a oportunidade de verificar se as sementes do Bem germinaram, sustentando a serenidade e o equilíbrio, como o aluno que passa no teste de aproveitamento, habilitando-se a estágios mais altos.

Caso prevaleça o joio, haverá grandes sofrimentos impostos pela rebeldia e a inconformação, a agressividade e o desespero.

- Segundo: morte.

Diante da grande ceifeira, nossa própria consciência avaliará o que prevalece em nós.

Se o trigo, estaremos habilitados a gloriosos estágios no Mundo Espiritual.

Se o joio, estaremos sujeitos a experiências dolorosas em regiões de sofrimento, bem próximo da esfera humana.

A freqüência de Espíritos sofredores, perturbados e agressivos que se manifestam em reuniões mediúnicas nos diz que é bem grande o contingente dos que desencarnam levando o joio em suas entranhas.

- Terceiro: degredo.

Chegará o tempo da separação definitiva, envolvendo o joio e o trigo.

    Ocorrerá quando a Terra for promovida na sociedade dos mundos. Deixará de ser "de provas e expiações", onde o joio predomina. Ganhará o *status* "de regeneração", em que predominará o trigo.

    O joio será "queimado" em planetas inferiores, para onde serão levados aqueles que insistem em preservá-lo.

    E por lá ficarão, submetidos a sofrimentos acentuados, até que se compenetrem de que o melhor negócio que podemos fazer, onde estivermos, é cumprir a vontade de Deus.

    \*\*\*

    Lamentável que tardemos em estimular o trigo, abafando o joio.

    É tão simples!

    Basta fazer ao próximo todo o Bem que gostaríamos nos fosse feito.

# O Credor Incompassivo

*Mateus, 18:23-35*

Um dos temas preferidos de Jesus é o perdão.

Considera-o tão importante que faz dele condição imprescindível ao ingresso nas celestes bem-aventuranças.

Diz o Mestre:

*O Reino de Deus é semelhante a um rei que resolveu ajustar contas com os seus servos.*
*Trouxeram-lhe um que lhe devia dez mil talentos.*

Talento era uma moeda cujo valor equivalia a doze quilos e seiscentos gramas de prata. A dívida do servo, portanto, era imensa, equivalente a cento e vinte e seis mil quilos do valioso metal.

*Não tendo ele com que pagar, ordenou o rei que fossem vendidos – ele, sua mulher, seus filhos e tudo quanto possuía, para pagamento da dívida.*

*O servo, porém, prostrando-se aos seus pés, suplicou:*

– Tem paciência comigo, senhor, eu pagarei tudo.

O rei compadeceu-se dele e, movido de compaixão, perdoou-lhe a dívida.

O servo deixou feliz o palácio (certamente com a alegria de quem acaba de ganhar a mega-sena acumulada).

*Na rua, encontrou um de seus companheiros, que lhe devia cem denários...*

O denário equivalia a quatro gramas de prata.

Débito pequeno, portanto. Apenas quatrocentos gramas de prata.

Caberia na palma da mão.

*O servo do rei agarrou seu devedor pelo pescoço e quase o sufocava, gritando:*

*– Paga o que me deves!*

*O devedor, caindo-lhe aos pés, implorou:*

*– Tem paciência comigo, que te pagarei.*

*Ele, porém, não o atendeu e providenciou para que fosse preso e preso ficasse, até a quitação de seu débito.*

*Algumas pessoas, que viram o que se passara, admiraram a intransigência do servo e foram contar ao rei. Este o mandou chamar:*

*– Servo malvado, eu te perdoei toda aquela dívida, porque me pediste. Não devias tu, também, ter compaixão*

*de teu companheiro, como eu tive de ti?*

Realmente, um absurdo.
O rei perdoou-lhe os cento e vinte e seis mil quilos de prata!
Ele não foi capaz de perdoar quatrocentos gramas!

*Indignado, o rei mandou prendê-lo, dizendo-lhe que não sairia da prisão até pagar sua dívida.*

Conclui Jesus:

*— Assim também meu Pai Celestial vos fará, se cada um de vós, do íntimo do coração, não perdoar a seu irmão.*

\*\*\*

A comparação é perfeita.
Espíritos atrasados, orientados pelo egoísmo, habitantes de um planeta de provas e expiações, certamente trazemos grandes comprometimentos com as leis divinas, resultantes de infrações cometidas no pretérito.
Algo tão pesado, tão grande, que Deus até nos concede a bênção do esquecimento, a fim de não sermos esmagados pelo peso de nossas culpas.
E sempre que pronunciamos o Pai-Nosso, a oração dominical que muita gente repete às dezenas em suas

rezas, estamos reconhecemos que somos devedores, ao rogar:

...*perdoa as nossas dívidas*...

Esquecemos a contrapartida, que condiciona o perdão divino:

...*assim como perdoamos aos nossos devedores.*

\*\*\*

André Luiz adverte que a ação do mal pode ser rápida, mas ninguém sabe quanto tempo levará o serviço da reação, indispensável ao restabelecimento da harmonia da Vida, que quebramos com nossas atitudes contrárias ao Bem.

A bobeira de um minuto pode resultar em decênios de sofrimentos para consertar os estragos que fazemos em nossa biografia espiritual, quando não exercitamos o perdão.

Dois condôminos de um prédio discutiram sobre vagas na garagem coletiva. Irritaram-se. Gritaram. Ofenderam-se, com a inconseqüência de quem fala o que pensa, sem pensar no que fala.

Um deles partiu para a agressão física. O agredido apanhou um revólver e deu-lhe vários tiros, matando-o.

Ambos comprometeram-se, infantilmente.

O morto retornou, prematuramente, à vida espiritual, interrompendo seus compromissos.

O assassino assumiu débitos cujo resgate lhe exigirá muitas lágrimas e atribulações.

Isso sem falar nas famílias desamparadas, ante a ausência dos dois: um no cemitério; outro, na prisão.

E se cônjuge e filhos se comprometerem em vícios e desajustes, favorecidos pela ausência do chefe da casa, tudo isso lhes será debitado.

Não raro, esses desentendimentos geram processos obsessivos. O morto transforma-se em verdugo, empolgado pelo desejo de fazer justiça com as próprias mãos.

E ninguém pode prever até onde irão os furiosos combates espirituais entre os dois desafetos, um na Terra, outro no Além.

Tudo isso por quê?

Porque não empregaram o verbo adequado, no exercício de suas ações.

Usaram o *revidar*.

Certo seria o *relevar*.

Relevar sempre!

Nunca revidar!

Lição elementar, nos ensinos de Jesus.

\*\*\*

Não é apenas o mal que fazemos aos outros, quando não perdoamos...

É, sobretudo, o mal que fazemos a nós mesmos.

O rancor, a mágoa, o ódio, o ressentimento, são tão desajustantes que será sempre um ato de inteligência cultivar o perdão.

Quando eu era menino, meu pai tinha um cachorrinho que mais parecia um bibelô, um "tampinha" insignificante.

Mas, no que tinha de pequeno, sobrava em braveza. Era tão irritadiço, latia tanto, que um dia teve uma síncope fulminante. Morreu de raiva!

Há pessoas assim, agressivas, impertinentes, neuróticas...

Não levam desaforo para casa. Vivem estressadas, tensas, inquietas...

Acabam provocando distúrbios circulatórios, que evoluem para a hipertensão arterial.

Um dia sofrem enfarte fulminante.

Morrem antes que possam ser socorridas.

– Bela passagem! – dizem os amigos. – Morreu como um passarinho...

Belas palavras, trágico equívoco.

É a pior morte!

O Espírito não deixou o corpo.

Foi expulso dele!

Exigiu tanto do organismo, com suas crises de

irritabilidade, que acabou por detonar um colapso. Foi como se o coração implodisse, incapaz de resistir às pressões do usuário.

Retornou prematuramente, como um suicida inconsciente, habilitando-se a estágios penosos de adaptação à vida espiritual.

\*\*\*

Há os que se matam mais devagar. Envenenam-se com ressentimentos, mágoas, rancores...

Está demonstrado que os melindrosos são mais vulneráveis a doenças graves.

O câncer, por exemplo, nada mais é que uma célula com defeito de fabricação, que se multiplica, criando um corpo estranho no organismo, um invasor letal.

Normalmente, essa célula é eliminada pelos mecanismos imunológicos, tão logo surge. Quando o ressentimento se prolonga, eles são bloqueados e o câncer evolui.

Fácil concluir que perdoar é um ato de inteligência. O mínimo a ser feito para que vivamos de forma saudável e feliz.

# Sobre a Oração

*Lucas, 18:9-14*

Característica marcante dos fariseus era a ostentação de virtudes que não possuíam.

Bons atores, desfrutavam de prestígio junto ao povo, que os supunha homens santos.

Estavam perfeitamente enquadrados no adágio popular:

*Por fora, bela viola; por dentro, pão bolorento.*

Jesus falava algo semelhante, ainda mais contundente *(Mateus, 23:27)*:

*– Sois semelhantes aos sepulcros caiados, que por fora realmente parecem formosos, mas por dentro estão cheios de ossos de mortos, e de toda imundícia.*

Imagem forte, mas real.
Nada mais lamentável que o falso religioso.

O farisaísmo ficou como sinônimo de hipocrisia religiosa, a pior de todas, obra-prima de desfaçatez e desonestidade.

\*\*\*

Publicanos eram cobradores de impostos. Profissão de caráter universal. Existe em todos os países, envolvendo funcionários contratados pelo governo.

Ao tempo de Jesus, a Palestina estava sob domínio dos romanos, que controlavam a arrecadação, ficando com boa parte dos tributos, o que irritava profundamente os judeus. Sentiam-se espoliados.

Por isso os publicanos, recrutados junto à população, eram execrados como traidores a serviço de Roma.

\*\*\*

Para o povo, portanto, fariseus eram homens respeitáveis.

Publicanos, gente desprezível, que se vendia ao dominador romano.

Jesus usa essas duas personagens para contar interessante parábola.

Dois homens foram ao templo para orar.

Um, fariseu; o outro, publicano.

O primeiro, ostentando superioridade, sua proeminência no seio da comunidade, orava em pé, proclamando em altas vozes:

– *Meu Deus, rendo-vos graças por não ser como os outros homens, que são ladrões, injustos e adúlteros.*
*Graças vos rendo por não ser publicano, traidor do povo, explorador da bolsa popular.*
*Graças vos rendo porque cumpro meus deveres religiosos até o fim. Dou o dízimo de tudo o que possuo, jejuo duas vezes por semana, compareço fielmente ao Templo.*

O publicano, por sua vez, conservando-se afastado, humilde, não ousava sequer erguer os olhos para o céu. E dizia:

– *Meu Deus, tem piedade de mim, que sou pecador.*

Diz Jesus:

– *Declaro-vos que o publicano voltou em paz para sua casa, justificado perante Deus, enquanto o fariseu nada recebeu, porquanto aquele que se eleva será rebaixado e aquele que se humilha será exaltado.*

\*\*\*

Há nessa parábola preciosas orientações sobre a

oração, envolvendo vários aspectos:

- Condição social.

Não importa se temos prestígio ou estagiamos na obscuridade.

Vale apenas o sentimento que vai dentro de nós.

O fariseu, com aquela encenação, nada tinha a receber do Céu, porquanto sua intenção era a propaganda de si mesmo.

Já o publicano, humilde, reconhecendo suas limitações, fazia por merecer as benesses divinas.

- As palavras.

Não é preciso falar muito. Essencial que haja sentimento.

O fariseu falou bastante. Apregooou uma superioridade que não possuía e perdeu-se em palavras vazias.

O publicano foi econômico nas expressões. Deixou falasse o coração. O sentimento é o combustível que dá à oração o impulso necessário para ganhar as alturas.

Na fração ordinária temos o número que fica acima, o numerador, divisível pelo denominador, embaixo.

Um terço de uma banana é a própria dividida em três partes. O número um, numerador; o três, denominador.

Quanto maior o denominador, menor a fração. Um quinto de uma banana já é a banana divida em cinco partes.

Consideremos, na oração:

Sentimento – o numerador.
Palavra – o denominador.
Quanto mais palavras, mais diluída e inexpressiva ficará a oração.

Um *Ai Jesus!*, em momento de dificuldade, com plena mobilização do sentimento, funciona muito melhor que mil palavras, sem nenhuma vibração.

• Isenção de ânimo.
Para que a oração alcance o objetivo, é preciso depurar o coração.
Jesus é enfático nesse ponto *(Mateus, 5:23-24):*

*– Se te aproximares do altar para fazer tua oferta e te lembrares de que teu irmão tem alguma coisa contra ti, deixa a oferenda de lado, vai procurar teu irmão e reconcilia-te com ele. Depois vem fazer a oferta.*

Há uma lógica irretocável nessas palavras.
Impossível obter graças na oração se nutrimos sentimentos negativos contra alguém. Seja o que for que nos tenha feito, trata-se de um filho de Deus, nosso irmão!
Recordo aquele homem que orava, dizendo:
– Senhor, preciso de Ti. Ajuda-me em minha necessidade e, por favor, não leves em consideração o fato de que odeio Teu filho! Quero que ele expluda!
Você acredita, caro leitor, que uma oração assim será

ouvida e atendida em suas reivindicações?

Um homem foi abandonado por sua esposa, envolvida com um rapaz. Sofreu muito. Perturbou-se. Foi ao Centro Espírita. A par da ajuda mobilizada em seu benefício, foi orientado a buscar lenitivo na oração.

Reclamou que não lhe trazia nenhum benefício. O Céu parecia surdo aos seus apelos.

Consultado, um orientador espiritual alertou:

– Digam-lhe que é preciso perdoar a esposa. O rancor e a mágoa em seu coração neutralizam nossos esforços em seu benefício. Enquanto não os superar não recuperará a tranqüilidade.

Perpetua-se o sofrimento decorrente do mal que nos façam, quando não perdoamos.

• Valorização.

Oração é alimento.

Ninguém pode passar muito tempo sem ingerir alimentos. Sustentam o corpo. A oração sustenta a alma. Quando oramos é como se, sob o ponto de vista espiritual, abríssemos a boca para sorver as bênçãos de Deus.

Quem não ora vive ao sabor das circunstâncias, sem coragem para enfrentar as lutas da existência, sem inspiração para resolver os problemas do cotidiano. E pior, sem disposição para superar suas próprias fraquezas.

Nas reuniões mediúnicas, em contato com Espíritos sofredores que vivem inconscientes e aflitos na espiritualidade, notamos algo em comum entre eles: não estão habituados a orar.

Quando o salmista diz *ainda que eu andasse pelo vale de sombras da morte, não temeria mal algum, porque tu estás comigo,* exprime a confiança de quem não tem medo, porque está perto de Deus, cultivando a oração.

Se a pessoa está sob tensão nervosa, enfrentando problemas existenciais e perturbações, tem dificuldade para concentrar o pensamento e elevar o sentimento na oração.

Esse problema pode ser resolvido, se nos habituarmos a conversar com Deus ou com Jesus, como quem conversa com um pai ou um irmão mais velho, sem preocupação com fórmulas verbais ou rebuscamento.

\*\*\*

Às vezes, há efeitos colaterais indesejáveis.

Pessoas com problemas psíquicos sentem, não raro, o agravamento de seus sintomas.

É que, conduzidas ao seu universo íntimo pela introspecção decorrente da oração, esbarram em seus próprios desajustes, como quem fosse levado ao contato com um monturo.

A oração aqui se assemelha a uma faxina que fazemos numa casa empoeirada. Em princípio levanta pó, podemos experimentar uma alergia, mas é preciso insistir, até limpar toda a poeira. Então, com a casa mental em ordem, haveremos de nos sentir melhor.

Podemos pensar na oração também como um remédio que, em princípio, provoca uma reação orgânica que faz recrudescerem os sintomas. Por isso é preciso insistir, até a depuração.

Detalhe importante:

Se estivermos sob influência espiritual negativa, os nossos perseguidores ampliarão a pressão, procurando passar a impressão de que a oração não está surtindo efeito. Até pioramos...

Insistamos nós; desistirão eles.

\*\*\*

Considerando que a oração deve ser uma conversa íntima com Deus, nosso Pai, pergunta-se:

Será lícito pronunciar o Pai-Nosso?

Sem dúvida! Apenas devemos lembrar que não estamos diante de uma fórmula verbal. Trata-se de uma orientação quanto aos sentimentos que devemos mobilizar na oração.

Sobretudo, deve ser o ensejo de reflexão sobre a presença de Deus em nossas vidas, em sagrada excursão pelos domínios do sublime, como faz o Espírito José Silvério Horta, sacerdote desencarnado, em belíssima poesia psicografada por Francisco Cândido Xavier:

*Pai Nosso, que estás nos Céus,*
*Na luz dos sóis infinitos,*
*Pai de todos os aflitos*
*Deste mundo de escarcéus.*

*Santificado, Senhor,*
*Seja o teu nome sublime,*
*Que em todo o Universo exprime*
*Concórdia, ternura e amor.*

*Venha ao nosso coração*
*O teu reino de bondade,*
*De paz e de claridade*
*Na estrada da redenção.*

*Cumpra-se o teu mandamento*
*Que não vacila nem erra,*
*Nos Céus, como em toda a Terra*
*De luta e de sofrimento.*

*Evita-nos todo o mal,*
*Dá-nos o pão do caminho,*
*Feito na luz, no carinho*
*Do pão espiritual.*

*Perdoa-nos, meu Senhor,*
*Os débitos tenebrosos,*
*De passados escabrosos,*
*De iniqüidade e de dor.*

*Auxilia-nos, também,*
*Nos sentimentos cristãos,*
*A amar nossos irmãos*
*Que vivem longe do bem.*

*Com a proteção de Jesus,*
*Livra nossa alma do erro,*
*Sobre o mundo de desterro,*
*Distante da vossa luz.*

*Que a nossa ideal igreja*
*Seja o altar da Caridade,*
*Onde se faça a vontade*
*Do vosso amor... Assim seja.*

# Deus Atende?

*Lucas, 11:5-13 e 18:1-8*

O hóspede chegou inesperadamente, por volta de meia-noite.

Como não havia pão para preparar-lhe um lanche, nem mercado vinte-e-quatro-horas, o dono da casa procurou um amigo que morava nas vizinhanças.

Bateu à porta.

– Quem é?

– Sou eu. Venho pedir-lhe três pães emprestados. Estou com um visitante e nada tenho para lhe oferecer.

Meio complicado, alguém de nosso círculo de amizade procurar-nos, altas horas, a pedir pão.

Do lado de dentro, o morador reagiu:

– Ora, isso são horas para incomodar-me?! Já me recolhi com meus filhos.

Nosso herói não era homem de desistir facilmente. E reiterava, batendo à porta:

– Por favor, não me falte! Preciso desses pães!

E tanto insistiu que o solicitado resolveu atender o

solicitante para ver-se livre dele.
Levantou-se e lhe deu quantos pães pedia.

Este curioso episódio poderia fazer parte de uma antologia da inconveniência, dos *mala-sem-alça*, pessoas de *desconfiômetro desligado*. Não percebem que são inoportunos.
Pedir pão emprestado, à meia noite!...
Na verdade, trata-se de uma parábola contada por Jesus, num contexto em que ele se refere à oração.
Parece estranho.
Então, Deus é como um dono de padaria, não muito disposto a nos dar os pães que atendam às nossas necessidades, mas pode mudar de idéia se insistirmos?!
Obviamente, não!
O Mestre usava com freqüência a hipérbole. Trata-se de uma imagem exagerada sobre determinada idéia, para chamar a atenção e fixá-la.

- Esperei uma eternidade...
- Morri de medo...
- Sofri como um condenado...
- Derramei lágrimas de sangue...
- Comi o pão que o diabo amassou...

Jesus quer destacar que devemos orar com convicção e persistência, conscientes de que Deus, que não é um simples padeiro, nem tem as limitações humanas, certamente acolherá nossa oração, em qualquer circunstância, em qualquer hora.

E sempre nos atenderá!

\*\*\*

A parábola é pouco conhecida.
Famosa é a conclusão de Jesus:

*– Por isso vos digo:*
*Pedi, e dar-se-vos-á.*
*Buscai, e achareis.*
*Batei, e abrir-se-vos-á.*
*Pois qualquer que pede, recebe.*
*Quem busca, acha.*
*E a quem bate, abrir-se-lhe-á.*
*Qual o pai dentre vós que, se o filho lhe pedir pão, lhe dará uma pedra?*
*Ou se lhe pedir peixe, lhe dará uma serpente?*
*Ou, se lhe pedir um ovo, lhe dará um escorpião?*
*Se vós, pois, sendo maus, sabeis dar boas dádivas aos vossos filhos, quanto mais dará o Pai celestial àqueles que pedirem?*

Muito mais que um padeiro, Pai de imenso amor e misericórdia, Deus sempre nos ouvirá e atenderá com o melhor, quando o procurarmos.

Jesus fala em *bater, pedir e buscar*.

Todos os que oram estão *batendo* – querem o contato com Deus.

E sempre *pedem* algo.

Raros, porém, empenham-se em *buscar* o objeto da oração, conscientes dos caminhos que devem trilhar para a concretização de seus anseios.

Em *O Evangelho segundo o Espiritismo,* capítulo 27, Kardec apresenta claro exemplo.

Um homem perdido no deserto e torturado pela sede implora ajuda ao Céu.

Nenhum Espírito lhe trará água.

No entanto, se estiver disposto a caminhar, enfrentando a sede e o calor inclemente, receberá inspiração quanto ao rumo que deverá tomar para encontrar água.

O desempregado que ora ardentemente poderá esperar uma eternidade, sem que o emprego lhe bata à porta. Mas se sair a campo, os bons Espíritos o ajudarão a encontrar lugar no mercado de trabalho.

Importante *bater*, estabelecer contato.

Razoável *pedir*, definir necessidades.

Imperioso *buscar*, cultivar iniciativa.

Então o Céu nos ajudará!

\*\*\*

Dois amigos conversam:

– Você acha que Deus conhece os nossos mais secretos pensamentos? Lê nossa alma como um livro aberto?

– Claro. Um dos atributos de Deus é a onisciência.

– Bem, se Deus tudo sabe, conhece melhor que nós mesmos nossas necessidades. Para que, portanto, orar?

Dúvida ponderável.

Ocorre que não oramos para trazer Deus até nós ou clamar por Sua atenção. O Todo-Poderoso está presente em tudo e em todos.

O objetivo é nos colocar em contato com Ele, preparando o coração para assimilar Suas bênçãos.

Um homem pode morrer de sede dentro de uma piscina, se não abrir a boca para beber a água.

Da mesma forma, embora mergulhados nas bênçãos divinas, é preciso abrir a boca, espiritualmente, para que possamos sorvê-las.

*** 

Jesus diz que Deus atende às nossas orações.

Nem sempre acontece.

A jovem pede um príncipe encantado, e tudo o que consegue é encantar-se com a sobrinhada.

O doente pede a cura, e quem o atende é uma senhora mal encarada, empunhando ameaçadora foice.

Demonstrando que não há contradição, Jesus

apresenta outra parábola.

Em certa cidade, havia um juiz de mau caráter, homem iníquo, que *não temia a Deus nem respeitava os homens.*

Relapso, deixava acumularem-se pilhas de processos.

Uma viúva o procurava com insistência, para resolver uma pendência com alguém. E lhe pedia:

— *Defende-me do meu adversário.*

O juiz não lhe dava atenção.
O tempo ia passando... A viúva a insistir:

— *Defende-me do meu adversário.*

Ele começou a ficar preocupado. Conjeturava:

— *Se bem que eu não tema a Deus, nem respeite os homens; todavia, porque esta viúva me importuna, far-lhe-ei justiça, para que ela não venha a molestar-me.*

Alguns exegetas consideram que molestar pode ser traduzido por "acertar o olho" ou "dar um soco no olho". A tradução, então, seria, "vou atendê-la para que não me acerte o olho".

Jesus teria feito humor em torno do assunto. Numa sociedade machista como a judaica, há de ter sido hilário que aquele juiz severo, que não temia a Deus nem respeitava os homens, cedesse por medo de uma mulher.

Jesus conclui a parábola, dizendo:

*Atentai ao que disse este juiz injusto e indigno.*

*Não fará justiça Deus aos seus escolhidos, que a Ele clamam dia e noite, embora pareça demorado em socorrê-los?*

*Digo-vos que bem depressa lhes fará justiça.*

Assim como na primeira parábola, Jesus enfatiza que Deus atende aqueles que o procuram.

Pode parecer estranho comparar Deus, o Onipotente, Supremo Juiz, com um juiz relapso e insignificante, não habituado a cumprir seus deveres.

Mas é simples entender.

Jesus usa aqui a técnica expressa num aforismo latino: *a minori ad maius,* do menor para o maior.

Se um juiz iníquo, caso menor, promove a justiça em favor de uma mulher insistente, tanto mais Deus, caso maior, em sua grandeza, nos ajudará de pronto, não porque o importunemos, mas porque ele é o nosso Pai, de infinito amor e misericórdia.

***

Atentemos à observação de Jesus: Deus atende às nossas orações, mas *fazendo justiça*, isto é, dando-nos de conformidade com nossos méritos e necessidades.

Deus age como um pai que não dá tudo o que o filho pede. Apenas o que será realmente proveitoso.

Enxergamos pequena parte da realidade, aquela que nos permitem nossos acanhados sentidos.

Se a nossa visão espiritual se dilatasse e pudéssemos conhecer o passado, verificaríamos que nossos males têm a sua razão de ser. Estão associados aos nossos desatinos do pretérito. Surgem, não como castigo, mas como medida educativa.

As limitações que enfrentamos, sob o ponto de vista físico, psicológico, mental, social, profissional, sentimental, são instrumentos divinos para conter e eliminar nossas tendências inferiores...

Podemos conjugar, nessa relação de causa e efeito, alguns exemplos:

O maledicente – dificuldade de expressão...
O fumante – lesões pulmonares...
O alcoólatra – fígado frágil...
O toxicômano – debilidade mental...
O violento – corpo frágil...
O maníaco sexual – impotência...

Deus abrandará nossas dores mas não as eliminará, porquanto são indispensáveis à nossa renovação.

Resumindo:
Pedimos o que queremos.
Deus nos dá o que precisamos.

A propósito, vale lembrar a oração de um atleta americano que ficou paralítico aos vinte e quatro anos, em plena vitalidade, belo e forte, cheio de planos para o futuro.

*Pedi a Deus força para executar projetos grandiosos,*
*Ele me fez fraco para conservar-me humilde.*

*Pedi a Deus saúde para grandes feitos.*
*Ele me deu a doença para compreendê-Lo melhor.*

*Pedi a Deus riqueza para tudo possuir,*
*Ele me deixou pobre para não ser egoísta.*

*Pedi a Deus poder para que os homens precisassem de mim.*
*Ele me fez humilde para que dEle precisasse.*

*Pedi a Deus tudo o que me permitisse desfrutar a vida,*
*Ele me ensinou a desfrutar a vida com tudo o que tenho.*

*Senhor, não recebi nada do que pedi,*
*Mas deste-me tudo de que eu precisava.*
*E, quase contra a minha vontade,*
*As preces que não fiz foram ouvidas.*

*Louvado sejas, ó meu Deus!*
*Entre todos os homens, ninguém tem mais do que eu!*

# A Pedra Angular

*Mateus, 21:33-44*

Diz Jesus, dirigindo-se a sacerdotes e fariseus:

*Havia um homem, dono de casa, que plantou uma vinha. Cercou-a de uma sebe, construiu nela um lagar e edificou-lhe uma torre e arrendou-a a uns lavradores. Depois se ausentou do país.*

*Ao tempo da colheita, enviou seus servos aos lavradores para receber os frutos que lhe tocavam.*

*E os lavradores, agarrando os servos, espancaram a um, mataram outro e a outro apedrejaram.*

*Enviou, ainda, outros servos, em maior número; e trataram-nos da mesma forma.*

*E por último, enviou-lhes o seu próprio filho, dizendo:*

*– A meu filho respeitarão.*

*Mas os lavradores, vendo o filho, disseram entre si:*

*– Este é o herdeiro. Ora, vamos, matemo-lo e apoderemo-nos de sua herança.*

*E agarraram-no, lançaram-no fora da vinha e o mataram.*

*Quando, pois, vier o Senhor da vinha, que fará àqueles lavradores?*

*Responderam-lhe:*

*– Fará perecer horrivelmente a esses malvados e arrendará a vinha a outros lavradores que lhe remetam os frutos nos seus devidos tempos.*

Conclui Jesus:

*– A pedra que os construtores rejeitaram, essa veio a ser a principal pedra angular. Portanto, vos digo que o Reino de Deus vos será tirado e será entregue a um povo que lhe produza os respectivos frutos. Tudo o que cair sobre esta pedra ficará em pedaços; e aquele sobre quem ela cair ficará reduzido a pó.*

\*\*\*

A parábola situa os judeus como os lavradores aos quais aquele homem confiou sua propriedade. Ela representa a iniciativa de Deus em favor do progresso humano, tendo por agente a nação judaica, à frente das demais, com sua concepção monoteísta. Não obstante tratar-se de uma crença antropomórfica, um deus à imagem e semelhança do homem, era um progresso diante do politeísmo dominante no Mundo.

Todavia, deixando-se dominar pelo orgulho de raça, os judeus cristalizaram-se em torno da idéia de povo escolhido, confundindo a responsabilidade de servir com a pretensão de serem servidos.

Assim, isolaram-se das nações que não podiam dominar e assassinaram profetas que procuravam alertá-los quanto aos seus enganos.

O próprio Cristo, conforme previra na parábola, foi sacrificado, porquanto pregava a concórdia e a paz a um povo belicoso, que esperava um mensageiro divino de espada na mão, capaz de favorecer sua dominação no Mundo.

Retirado o apoio do Plano Espiritual, eis que a nação judaica em breve se dissolveu, ficando na história como o lamentável episódio de um povo que recusou a salvação e assassinou o salvador.

\*\*\*

Novas lideranças têm sido confiadas a algumas nações.

Cada época é marcada pela ascensão de um povo, atendidas circunstâncias cujas particularidades escapam aos observadores mais atentos, porquanto, acima de meras influências geográficas, políticas, climáticas ou sociais, há a ação de mentores espirituais, sob o comando do Cristo, o governador da Terra, em reiteradas iniciativas para a edificação do Reino de Deus.

Emmanuel, no livro *A Caminho da Luz,* psicografia de Francisco Cândido Xavier, oferece interessantes exemplos.

Diz ele que logo após o fracasso de Israel, Roma poderia ter sido o instrumento ideal para a formação de um Estado único no Mundo, favorecendo o entendimento entre as nações.

Entretanto, como tem acontecido freqüentemente com os poderosos, os romanos empolgaram-se pelo poder, e a tutela que poderiam exercer sobre povos primitivos, ajudando-os em seu desenvolvimento, transformou-se em sistemática exploração, sob o jugo da violência e do despotismo.

Na Idade Média, ante os desvios lamentáveis do Cristianismo, atrelado ao carro do poder temporal, organizou-se, no Plano Espiritual, um movimento de restau-ração das lições de Jesus na Ásia.

Dentre os missionários que vieram ao Mundo, estava Maomé, cuja tarefa era reunir as tribos árabes à luz do Evangelho.

Mas, embora dotado de notáveis faculdades mediúnicas, inerentes ao desempenho de sua grandiosa missão, o missionário do Islã não superou as limitações de seu tempo, envolvendo-se em comprometedoras contradições.

Ressalta Emmanuel:

*A par do perfume cristão que se evola de muitas das suas lições, há um espírito belicoso, de violência e de imposição; junto da doutrina fatalista encerrada no Alcorão, existe a doutrina da responsabilidade individual, divisando-se através de tudo isso uma imaginação superexcitada pelas forças do Bem e do mal, num cérebro transviado do seu verdadeiro caminho.*

Sob inspiração do "crê ou morre", o Islamismo espalhou-se por toda a Ásia, atravessou o Estreito de Gibaltrar e se estabeleceu na Espanha, ameaçando derramar-se por toda a Europa, em ondas de violência e imposição.

Com Carlos Magno, no século VIII, era feita uma tentativa de reorganização social do Ocidente, entregue aos bárbaros desde a queda de Roma. Não obstante os esforços do grande governante, o império por ele fundado desagregou-se logo após o seu regresso à Espiritualidade, envolto em influências sombrias que se instalaram facilmente nos endurecidos corações humanos.

***

No século XVIII, duas nações destacaram-se, sob o apoio da Espiritualidade.

Segundo Emmanuel, França e Inglaterra representavam uma transposição enriquecida do espírito greco-romano para os tempos modernos.

A França, herdeira dos padrões artísticos e culturais de Atenas,

A Inglaterra, depositária das experiências e da organização do direito romano.

Sob a égide da Espiritualidade Maior, consolidava-se em solo francês a revolução destinada a acabar com o absolutismo monárquico, enquanto a Inglaterra preparava-se para a revolução industrial, que ofertaria aos homens possibilidades mais amplas de conforto e bem-estar.

Ambos os paises, entretanto, como acontecera a outras nações líderes, perderam-se em suas próprias contradições.

A França, num mar de sangue, em lutas ininterruptas pelo poder, culminando com as loucuras de Napoleão Bonaparte, um missionário que viera ao Mundo com a tarefa de preservar as conquistas da revolução francesa. No entanto, acabou ele próprio por transviar-se, coroando-se imperador e precipitando a pátria em aventuras suicidas.

A Inglaterra, partindo decididamente para o colonialismo, reeditava as ambições de Roma com a criação de vasto império, a esmagar, impiedosamente, os que pretendiam contestar sua tutela prepotente.

\*\*\*

Desde o século XIX uma outra nação recebeu decisivo apoio dos poderes espirituais, que pretendiam fazer dela poderoso instrumento para sagradas realizações em favor da Humanidade.

Eram os Estados Unidos da América, país que, sob os ideais de liberdade e fraternidade contidos em sua proclamação de independência, vinha trabalhando intensamente pela realização do *sonho americano*, a criação de uma sociedade aberta, livre de preconceitos sociais, culturais, raciais e religiosos, na qual fosse alcançado um grau de riqueza tão alto, que a vida deixasse de ser motivada economicamente.

Em tal situação, quase utópica, o clássico problema da distribuição dos bens da produção desapareceria. Todo cidadão desfrutaria do necessário para satisfazer suas necessidades e seus anseios de conforto e bem-estar.

Isso tornaria possível uma verdadeira democracia, uma sociedade na qual todos os grupos participariam das responsabilidades pelas decisões tomadas. Tais grupos representariam não mais interesses econômicos, já superados, mas aspirações sociais e culturais.

Pela primeira vez na História, surgiria uma sociedade capaz de favorecer a vida verdadeiramente humana, aquela dedicada à solução de problemas não materiais, mas relativos ao Espírito.

Em vários pontos o sonho americano concretizou-se.

A riqueza americana não tem paralelo na História. A

democracia funciona, embora com falhas. E a vida cultural e social tem intensidade e extensão sem iguais, no presente ou no passado.

Mas é um sonho que se transforma em pesadelo, porquanto, revivendo velhas contradições que caracterizam o espírito humano, à medida que a grande nação enriqueceu, seu povo esqueceu os ideais, transformando o dinheiro, que deve ser apenas parte da vida, em finalidade dela.

Refletem esse desvio, desde o comportamento do cidadão comum, para o qual *time is money* (tempo é dinheiro), aos interesses de grupos econômicos capazes de influenciar as próprias decisões do governo.

A sociedade perfeita, transformada em mera sociedade de consumo, vive na atualidade a sua mais lamentável aventura, com o país transformado em policial do Universo, disposto a intervir em qualquer país onde seus interesses estejam ameaçados.

Ao invés de amparo para o Mundo, conforme as expectativas da Espiritualidade, pretendem os americanos o domínio dele, reeditando os mesmos desvios de outras nações líderes, em suas ambições imperialistas

\*\*\*

Desde a Palestina à América vemos a semeadura de esperanças das esferas superiores, que cuidam carinhosamente das coletividades terrestres, visando o progresso humano, e o malogro de seus esforços, por não encontrarem ressonância no endurecido coração humano.

É que, assim como aconteceu com Israel, os homens recebem de bom grado as dádivas divinas, mas rejeitam a pedra angular da passagem evangélica, que deveria ser o sustentáculo de suas edificações – Jesus.

É bem verdade que alguns dos países lembrados proclamaram sua adesão ao Cristo, afirmando ser de inspiração evangélica seus ideais de realização social.

Apenas palavras, porquanto, objetivamente, limitaram-se a entronizá-lo em suas igrejas, sem cultivá-lo na alma do povo.

E sem a luz do Cristo, o homem estará sempre perdido nas trevas densas de suas próprias inferioridades, mergulhando em contradições e desajustes.

\*\*\*

Atendendo ao planejamento da Espiritualidade, outro país deverá destacar-se neste Terceiro Milênio, no cenário mundial.

Humberto de Campos, em psicografia de Francisco Cândido Xavier, ditou um livro, em 1938, falando-nos a respeito dessa nação. O título é revelador:

*Brasil, Coração do Mundo, Pátria do Evangelho.*

O nosso país teria sido escolhido pela Espiritualidade para uma nova missão, desta feita totalmente diferente daquelas que foram confiadas às outras nações.

Não se trata de grandeza material, exercício do poder ou culminâncias da cultura.

Cabe ao Brasil instituir um estilo novo de vida na Terra – o da fraternidade autêntica. Compete aos brasileiros aprender e ensinar que podemos todos viver como irmãos, acima das barreiras de nacionalidade, raça e crença.

Segundo Humberto de Campos, a Espiritualidade favoreceu em nossa pátria abençoada miscigenação, envolvendo japoneses, portugueses, espanhóis, italianos, alemães e várias outras nacionalidades, com o objetivo de demonstrar que é possível uma convivência pacífica entre os povos.

O Brasil é, realmente, um prodígio nesse particular.

Árabes e judeus relacionam-se tranqüilamente aqui, à distância dos ódios milenares e das disputas sangrentas entre esses povos no Oriente Médio.

Adeptos de todas as crenças convivem sem problemas. Nunca ouvimos falar de disputas sangrentas; nunca ninguém aqui matou ou morreu em nome da religião, como tem acontecido ao longo da História.

Somos mais solidários. Levantamentos estatísticos demonstram ser o brasileiro um dos povos que mais se envolvem com o trabalho social, na preocupação em fazer algo em favor do semelhante.

Somos mais descontraídos, mais dispostos a rir dos próprios males.

Fazemos transições políticas e sociais sem grandes traumas, sem guerras civis, sem derramamento de sangue.

Enfim, há em nossa pátria algo diferente, que sente todo brasileiro que vai para o exterior e todo estrangeiro que aqui vem.

\*\*\*

Obviamente, há problemas.

A corrupção, a violência urbana, a dissolução dos costumes, a escalada das drogas, a miséria em que vive considerável parcela da população...

Tudo isso compõe um quadro sombrio e preocupante, que põe em dúvida as previsões de Humberto de Campos.

Consideremos, entretanto, que tais males decorrem de nossa imaturidade política e social. Representam, também, um agitar da consciência brasileira, enfatizando os valores da fraternidade e da solidariedade, que encontram acesso maior nos corações sofredores.

É como se estivéssemos sendo preparados pela adversidade para as gloriosas realizações do porvir, inspirando prioridades mais edificantes às iniciativas brasileiras, acima de meros interesses imediatistas.

Por isso, o grande desafio a que somos convocados, talvez seja vencer a inconseqüência. Precisamos amadurecer, buscando um comportamento mais consciente e disciplinado, a fim de cumprirmos nossa gloriosa destinação.

\*\*\*

O Espiritismo tem muito a oferecer nesse particular, com a ampla visão das realidades espirituais que oferece, ajudando-nos a superar a inércia, o acomodamento, demonstrando que é preciso assumir nossos compromissos diante da Vida e reconhecer nossos deveres diante do próximo.

Razoável que busquemos melhorar a condição material, em busca de conforto e segurança, mas é imperioso que cultivemos, sobretudo, o ideal de viver como espíritas cristãos, a fim de que o Espiritismo seja a alma do Brasil, na composição de um estilo novo de vida na Terra, onde o Cristo seja finalmente a base, a pedra angular, sustentando-nos com a força de seus exemplos e a sabedoria de suas lições.

Somos convocados a ser o novo sal da terra, o tempero do Brasil missionário, como exalta o Espírito Castro Alves, em psicografia de Francisco Cândido Xavier:

*Brasil, o Mundo a escutar-te*
*Pergunta hoje: "O que é?"*
*Ah! Terra de minha vida,*
*Responde às nações de pé!*
*Das montanhas altaneiras,*
*Dentro das próprias fronteiras,*
*Alonga os braços – Sansão!...*
*Sem prepotência ou vanglória,*
*Grava no Livro da História*
*Novo rumo à evolução.*

*Contempla a sombra da guerra,*
*Dragão do lodo a rugir,*
*Envenenando a Cultura,*
*Ameaçando o Porvir!...*
*Fala – assembléia de bravos –*
*Aos milhões de homens escravos,*
*Sábios, loucos Prometeus...*
*Do píncaro a que te elevas*
*Dissolve os grilhões das trevas*
*Na fé que te induz a Deus!...*

*Brada – gigante das gentes –*
*Proclama com destemor*
*Que o Cristo aguarda na Terra*
*Um novo mundo de amor!...*
*Ante as grandezas que estampas*
*Os mortos voltam das campas*
*Sublimando-te a visão...*
*Ao progresso, Fernão Dias!*
*O dever mostra Caxias,*
*Deodoro a renovação.*

*Dos sonhos de Tiradentes,*
*Que se alteiam sempre mais,*
*Fizeste Apóstolos, Gênios,*
*Estadistas, Generais...*
*De todos os teus recantos*
*Despontam palmas de santos,*
*Augustos pendões de heróis!...*
*Astros de brilhos tamanhos,*
*Andrada, Feijó, Paranhos*
*Em teus céus brilham por sóis!...*

*Desde o dia em que nasceste,*
*Ao fórceps de Cabral,*
*O Tempo se iluminou*
*Na Bahia maternal!...*
*Hoje, que o Mundo te espera*

*Para as leis da Nova Era,*
*Por Brasília envolta em luz,*
*Que em ti a vida se integre,*
*De Manaus a Porto Alegre,*
*No Espírito de Jesus!...*

*Ao resguardar o Direito,*
*Mantendo a Justiça e o Bem,*
*Luta e rasga o próprio peito,*
*Mas não desprezes ninguém...*
*Levanta o grande futuro,*
*Ergue, tranqüilo e seguro,*
*A Paz nobre e varonil!...*
*À Humanidade que chora*
*Clamando: "Senhor... e agora?"*
*O Cristo aponta: "Brasil!"*

# BIBLIOGRAFIA DO AUTOR

01 – PARA VIVER A GRANDE MENSAGEM  1969
*Crônicas e histórias.*
*Ênfase para o tema Mediunidade.*
Editora: FEB

02 – TEMAS DE HOJE, PROBLEMAS DE SEMPRE  1973
*Assuntos de atualidade.*
Editora: Correio Fraterno do ABC

03 – A VOZ DO MONTE  1980
*Comentários sobre "O Sermão da Montanha".*
Editora: FEB

04 – ATRAVESSANDO A RUA  1985
*Histórias.*
Editora: IDE

05 – EM BUSCA DO HOMEM NOVO  1986
*Parceria com Sérgio Lourenço e Therezinha Oliveira.*
*Comentários evangélicos e temas de atualidade.*
Editora: EME

06 – ENDEREÇO CERTO  1987
*Histórias.*
Editora: IDE

07 – QUEM TEM MEDO DA MORTE?  1987
*Noções sobre a morte e a vida espiritual.*
Editora: CEAC

08 – A CONSTITUIÇÃO DIVINA  1988
*Comentários em torno de "As Leis Morais",*
*3a. parte de* O Livro dos Espíritos.
Editora: CEAC

09 –   UMA RAZÃO PARA VIVER                                1989
        *Iniciação espírita.*
        Editora: CEAC

10 –   UM JEITO DE SER FELIZ                               1990
        *Comentários em torno de
        "Esperanças e Consolações",
        4a. parte de* O Livro dos Espíritos.
        Editora: CEAC

11 –   ENCONTROS E DESENCONTROS                            1991
        *Histórias.*
        Editora: CEAC

12 –   QUEM TEM MEDO DOS ESPÍRITOS?                        1992
        *Comentários em torno de "Do Mundo Espírita e
        dos Espíritos", 2a. parte de* O Livro dos Espíritos.
        Editora: CEAC

13 –   A FORÇA DAS IDÉIAS                                  1993
        *Pinga-fogo literário sobre temas de atualidade.*
        Editora: O Clarim

14 –   QUEM TEM MEDO DA OBSESSÃO?                          1993
        *Estudo sobre influências espirituais.*
        Editora: CEAC

15 –   VIVER EM PLENITUDE                                  1994
        *Comentários em torno de "Do Mundo Espírita e
        dos Espíritos", 2a. parte de* O Livro dos Espíritos.
        *Seqüência de* Quem Tem Medo dos Espíritos?
        Editora: CEAC

16 –   VENCENDO A MORTE E A OBSESSÃO                       1994
        *Composto a partir dos textos de* Quem Tem Medo
        da Morte? *e* Quem Tem Medo da Obsessão?
        Editora: Pensamento

17 –  TEMPO DE DESPERTAR                                    1995
       *Dissertações e histórias sobre temas de atualidade.*
       Editora: FEESP

18 –  NÃO PISE NA BOLA                                      1995
       *Bate-papo com jovens.*
       Editora: O Clarim

19 –  A PRESENÇA DE DEUS                                    1995
       *Comentários em torno de "Das Causas Primárias",*
       *1a. parte de* O Livro dos Espíritos.
       Editora: CEAC

20 –  FUGINDO DA PRISÃO                                     1996
       *Roteiro para a liberdade interior.*
       Editora: CEAC

21 –  O VASO DE PORCELANA                                   1996
       *Romance sobre problemas existenciais, envolvendo*
       *família, namoro, casamento, obsessão, paixões...*
       Editora: CEAC

22 –  O CÉU AO NOSSO ALCANCE                                1997
       *Histórias sobre "O Sermão da Montanha".*
       Editora: CEAC

23 –  PAZ NA TERRA                                          1997
       *A vida de Jesus, do nascimento ao início do apostolado.*
       Editora: CEAC

24 –  ESPIRITISMO, UMA NOVA ERA                             1998
       *Iniciação Espírita.*
       Editora: FEB

25 –  O DESTINO EM SUAS MÃOS                                1998
       *Histórias e dissertações sobre temas de atualidade.*
       Editora: CEAC

26 –   LEVANTA-TE! 1999
*A vida de Jesus, primeiro ano de apostolado.*
Editora: CEAC

27 –   LUZES NO CAMINHO 1999
*Histórias da História, à luz do Espiritismo.*
Editora: CEAC

28 –   TUA FÉ TE SALVOU! 2000
*A vida de Jesus, segundo ano de apostolado.*
Editora: CEAC

29 –   REENCARNAÇÃO – TUDO O QUE VOCÊ 2000
PRECISA SABER
*Perguntas e respostas sobre a reencarnação.*
Editora: CEAC

30 –   NÃO PEQUES MAIS! 2001
*A vida de Jesus, terceiro ano do apostolado.*
Editora: CEAC

31 –   PARA RIR E REFLETIR 2001
*Histórias bem-humoradas, analisadas à luz da Doutrina Espírita.*
Editora: CEAC

32 –   SETENTA VEZES SETE 2002
*A vida de Jesus, últimos tempos de apostolado.*
Editora: CEAC

33 –   MEDIUNIDADE, TUDO O
QUE VOCÊ PRECISA SABER 2002
*Perguntas e respostas sobre Mediunidade.*
Editora: CEAC

34 – ANTES QUE O GALO CANTE 2003
*Vida de Jesus – o Drama do Calvário.*
Editora: CEAC

35 – ABAIXO A DEPRESSÃO! 2003
*Profilaxia dos estados depressivos.*
Editora: CEAC

36 – HISTÓRIAS QUE TRAZEM FELICIDADE 2004
*Parábolas evangélicas, à luz do Espiritismo.*
Editora: CEAC

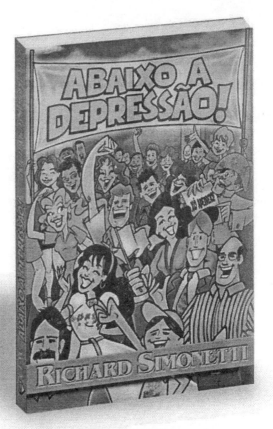

# ABAIXO A DEPRESSÃO!

Não há depressão que resista ou se instale num coração risonho, plugado em cérebro disposto a justificar sua existência com o exercício da razão.

Essa é a proposta deste livro, conforme o estilo consagrado do autor, oferecendo páginas bem-humoradas como introdução a reflexões sobre a existência humana que nos permitem espantar tensões e angústias que alimentam a depressão.